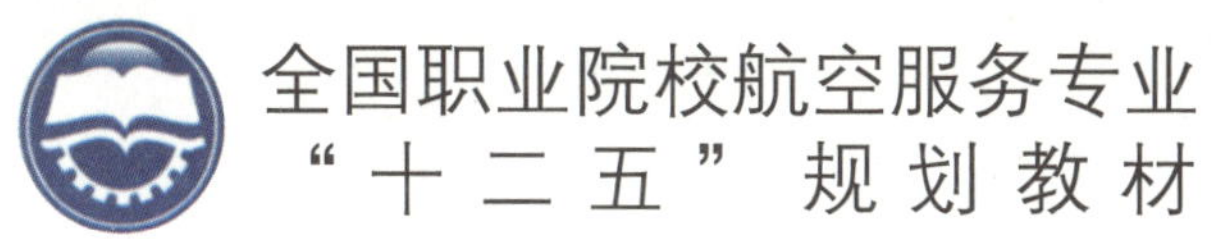

民航就业全攻略

MINHANG JIUYE QUANGONGLUE

主　编◎魏全斌
副主编◎裴明学　夏　静　赵小丽
参　编◎翟森林　何念兵　贺　文　王妙玲
陆　丹　李　琼　任　庆　周　艳

北京师范大学出版集团
BEIJING NORMAL UNIVERSITY PUBLISHING GROUP
北京师范大学出版社

图书在版编目（CIP）数据

民航就业全攻略/魏全斌主编. —北京：北京师范大学出版社，2013.10（2019.2重印）
（全国职业院校航空服务专业"十二五"规划教材）
ISBN 978-7-303-16977-1

Ⅰ.①民…　Ⅱ.①魏…　Ⅲ.①民用航空-商业服务-职业选择-高等职业教育-教材　Ⅳ.①F560.9

中国版本图书馆CIP数据核字（2013）第201119号

营销中心电话　010-58802755　58800035
北师大出版社职业教育分社网　http://zjfs.bnup.com
电子信箱　zhijiao@bnupg.com

出版发行：北京师范大学出版社 www.bnup.com
北京新街口外大街19号
邮政编码：100875
印　　刷：北京强华印刷厂
经　　销：全国新华书店
开　　本：787 mm×1092 mm　1/16
印　　张：14
字　　数：230千字
版　　次：2013年10月第1版
印　　次：2019年2月第6次印刷
定　　价：29.80元

策划编辑：姚贵平　庞海龙　　责任编辑：庞海龙
美术编辑：高　霞　　装帧设计：锋尚设计
责任校对：李　菡　　责任印制：陈　涛

全国高等职业学校航空服务专业系列教材建设企业专家指导委员会名单

（按姓氏笔画排序）

王继营　深圳航空公司维修工程部总经理助理

王培立　上海机场贵宾服务公司总经理

卢　荃　一汽大众人力资源部（机务）部长

石国庆　原国航西南飞机维修基地党委书记、亚太地区知名机务专家

刘　桦　成都航空旅游职业学校特级教师、四川省学术技术带头人

张可宝　上海虹桥国际机场安检站站长

张　波　厦门高崎国际机场安检站站长

张睿珠　广州白云国际机场安检站副站长

李　元　四川新力航空技术有限公司（机务）总经理

陈方贵　福州长乐国际机场总经理助理

陈铁民　中国民用航空厦门安全监督管理局局长、党委书记

陆建华　上海浦东国际机场安检站站长

周洪清　广州白云国际机场安检站站长

赵　萍　深圳宝安国际机场安检站站长

唐世荣　成都双流国际机场安检站书记

夏　静　成都双流国际机场安检站副站长

裴明学　重庆江北国际机场安检站站长

魏全斌　四川泛美（航空）教育投资有限责任公司董事长、职业教育专家

前言
PREFACE

《国家中长期教育改革和发展规划纲要（2010—2020年）》明确提出:中等职业教育与高等职业教育协调发展，构建现代职业教育体系，增强职业教育支撑产业发展的能力。职业教育为社会、经济和人的发展服务成为职业教育理论工作者与实践工作者的共识。

近年来，随着社会、经济的进步，民航业得到空前的发展。民航业的大发展需要大量道德高尚、素质优良、技能娴熟的一专多能的民航服务人才。正因为如此，一批办学理念先进、教学与实习实训设备精良、师资力量雄厚的民航服务类学校或专业应运而生，为促进民航服务业的发展做出了重要贡献。

要培养高素质的民航服务人才，离不开高质量的学校，离不开高水平的教师，更离不开理念先进、内容丰富、形式新颖的精品教材!为此，我们组织全国行业职业教育教学指导委员会、全国中等职业教育教学改革创新指导委员会、职业教育教学研究机构的专家，全国近20家民航服务企业的行家以及具有丰富的民航服务专业教学与教材编写经验的优秀教师群策群力编写了本套《全国高等职业学校航空服务专业系列教材》。

本套教材立足国内近20家民航服务企业相关工作岗位对人才素质与能力的要求，针对民航服务专业学生职业生涯发展的需求编写。在体系结构上，本套教材涵盖民航服务专业的所有课程，各册教材有机衔接，体系完整。在内容上，本套教材涵盖民航服务的典型工作任务，体现了“贴近社会生活、贴近民航服务工作实际、贴近学生特点”“与职业岗位群对接、与职业资格标准对接、与实际工作过程对接”的“三贴近”“三对接”的特点，注重学生职业核心能力的培养。在形式上，本套教材按照“具体—抽象—实践”的逻辑顺序，设计了“相关链接”“想一想”“练一练”“思考与练习”等栏目，行文中图文并茂，突出了教材的可读性与互动性。既方便教师的教，也方便学生的学。本套教材既可供职业院校航空服务专业学生使用，也可作为民航企业员工培训教材或参考资料。

本书以易学易懂、寓教于乐、实战为先、教学为本四个基本原则为指导思想，采用了大量突破传统教材编写的方式和方法。

本书的内容是通过“我”传达给读者的，拉近了作者与读者之间的距离，打破了教材给人以枯燥乏味、死气沉沉的刻板印象，真正做到易学易懂。

在认真分析职业院校学生心理、生理特点之后，本书在编写过程中加入大量的图片及卡通形象，以一幅幅生动的图片、一个个可爱的卡通人物将寓教于乐贯穿其中。同时，运用影视艺术以情景剧的形式紧扣“就业”主题，让读者身临其境。

同时，本书将流行的网络语言、新兴词汇及脍炙人口的台词、经典影视剧的名称结合于教材编写中，除了使读者耳目一新外，还体现了一种大俗大雅的境界。

本书运用心理学谈话艺术，从大学生的常见就业心态着手，剖析变异就业心态和正确就业心态，并为学生提供了认识自我的方法及如何结合性格、兴趣、能力、价值观树立正确的职业认知；重树健康的就业心态，进一步具体地提出提高就业心理素质的方法和途径。

本书运用正反案例为突破口切入，引入知识点，通过案例来讲知识，依托案例来拓展知识，剖析案例来消化知识。

本书共分八章。其中，第一章由赵小丽编写，第二章由何念兵编写，第三章由贺文编写，第四章由王妙玲编写，第五章由陆丹编写，第六章由李琼编写，第七章由翟森林编写，第八章由任庆、周艳编写。

在编写本书过程中，得到了重庆江北国际机场安检站站长裴明学、成都双流国际机场安检站副站长夏静的指导；还采纳了四川西南航空专修学院、成都航空旅游职业学校骨干教师对该教材提出的建设性意见与建议；尤其是，采纳了由全国各大航空公司、机场服务企业知名的专家和领导组成的“全国职业院校航空服务专业“十二五”规划教材建设企业专家指导委员会”的专家对教材内容、编写体例等提供了大量的建议，从而有效地保证了本书与民航服务企业的实际工作要求相吻合，在此，一并表示衷心的感谢。在编写本书的过程中，我们参阅了相关论著与资料，引用了一些最新的研究成果，但由于时间较紧、联系方式不准确等原因，未能一一取得原成果作者的同意，敬请原成果作者谅解并与我们联系，我们将奉寄稿酬和样书，并在重版时根据原成果作者的要求进行相应的调整。

编　者

2013年7月

目录
CONTENTS

01 第一章 民航这些事儿

第一节　国际民航的“前世今生” /02
一、航空梦的步步惊心 /02
二、活塞发动机飞机时期 /05
三、喷气式飞机时期 /06
四、国际民航业现状 /07
第二节　中国民航的“前世今生” /09
一、中国民航发展的五步曲 /09
二、中国民航业现状 /11
第三节　世界民航发展趋势 /14
一、大力发展民航业成为国家和地区战略的重要组成部分 /14
二、世界各国日渐趋向航空“自由化” /14
三、全球性航空战略联盟占据市场主体地位 /15
四、通用航空蓬勃发展 /16
五、新科技引领民用航空发展 /18
六、低成本航空的快速发展，促进航空运输的大众化 /18
七、安全运行，已成为各国民航业的首要任务 /19

21 第二章 民航岗位分类

第一节　民航岗位分类 /22
一、空中乘务 /22
二、民航安全技术检查 /25
三、地勤人员 /28
四、机务维修人员 /34
第二节　“Kiss无缝对接” /39
一、“无缝对接”制胜法宝之五项基本能力 /39
二、“无缝对接”制胜法宝之“九自”理论 /41

目录
CONTENTS

47

第三章 应聘面试的准备

第一节　面试前夕　你的心理状态准备好了吗？ /48
一、心灵SPA /48
二、战胜不良心态 /49
三、以最佳状态迎接挑战 /52
第二节　最美的主角就是你 /55
一、面部妆容的作用及要求 /55
二、这些年我们一起追过的发型 /57
三、佛靠金装、人靠衣装 /58
第三节　不打无准备之仗 /63
一、知己知彼、百战不殆 /63
二、过五关斩六将 /65
三、万事俱备、只欠东风 /70

73

第四章 应聘面试的技巧

第一节　引人瞩目的个人形象展示 /74
一、面试中常用礼仪站姿和走姿 /74
二、微笑是面试场上必不可少的法宝 /76
三、正确使用眼神能让你过关斩将 /77
第二节　你会灵活运用自我介绍吗 /80
一、自我介绍基本要素 /80
二、自我介绍的技巧 /81
三、自我介绍的禁忌 /82
第三节　你能恰当适时地展示个人才艺吗 /84
一、了解“特长”、“兴趣”和“爱好”的区别 /84
二、如何抓住机会展示才艺 /85
第四节　你掌握了面试中的对答技巧吗 /88
一、面试提问的种类 /88
二、遇到疑难问题应该如何见招拆招 /89

93 第五章 我的秀场我做主

第一节　知己知彼，舍我其谁　/94
一、面试形式知多少　/94
二、面试也有艺术　/98
三、你知道考官将如何“刁难”你吗　/100
第二节　运筹帷幄　决胜笔试　/108
一、笔试你准备好了吗　/108
二、笔试内容　/110

119 第六章 拥有正确的就业心态

第一节　学生就业心态面面观　/120
一、认识就业心态　/121
二、调整心态与成功求职　/130
第二节　带你找到“职业我”　/134
一、发现自我之旅　/134
二、探寻自我的职业认知　/137
第三节　感受就业心理素质的魅力　/146
一、破译就业心理素质的密码　/147
二、健康的就业心理素质召唤你　/149

157 第七章 就业上岗必读

第一节　上岗了，你准备好了吗　/158
一、心理准备　/158
二、离校就业操作流程　/160
第二节　严守纪律　/161
一、什么是纪律　/161
二、怎样严守纪律　/163
第三节　吃苦耐劳　/166
一、员工怕苦怕累的现象知多少　/166
二、当今社会为何还需要吃苦耐劳的品质　/167
三、超越自我，成功就在不远处　/169

目录

CONTENTS

第四节　做好细节　/171

一、重视细节的意义　/171

二、做好细节的体现　/172

三、这些工作细节你知道吗　/173

第五节　职场礼仪　/183

一、什么是职场礼仪　183

二、掌握职场礼仪的意义　/183

三、掌握正确的职场礼仪，与职场礼仪误区说“拜拜”　/184

189 第八章 职业拓展指南

第一节　职场成功的前提——善于学习　/190

一、学习的重要性　/190

二、怎样做到善于学习　/191

三、民航服务专业的学生需要学习什么　/192

四、避免走进学习的误区　/194

第二节　职场成功的动力——永争第一　/198

一、你知道“狼”的精神吗　/199

二、永争第一的“狼”的精神　/199

三、要想永争第一获得成功，需具备的专业能力　/201

第三节　职场成功的基础——全面发展　/206

一、全面发展的含义　/207

二、全面发展与个人发展紧密结合　/207

三、争做一专多能的当代大学生　/207

四、让我们都成为一个全面发展的大学生　/208

参考文献　/213

第一章
民航这些事儿

引言

什么是民航？民航是民用航空的简称，是指利用各种航空器从事除军事性质以外的所有航空活动。那么，人类的航空梦想究竟是怎样实现的呢？中国的第一架飞机是什么时候诞生的呢？世界和中国民航的现状是怎样的呢？民航业发展趋势又将如何呢？揭开谜底，让我们一同了解民航这些事儿吧。

第一节
国际民航的“前世今生”

人类航空梦的实现，是从早期的模仿鸟类飞行到风筝、火箭、气球、飞艇及滑翔机的发明，再到第一架飞机的诞生；再从活塞发动机飞机到喷气式发动机飞机……这一切都是人类智慧的结晶，人类正在加速探寻更加神奇的航空梦想。

一、航空梦的步步惊心

（一）飞行的第一步尝试是模仿鸟飞的飞人试验

女娲补天、嫦娥奔月、普罗米修斯飞天盗火、伊卡洛斯飞逃软禁等传说都寄予了人类期盼飞翔的美好愿望。

人类飞行最早曾受到动物，特别是鸟类飞行的启发。古代飞人试验一般是把大鸟翼绑在人体上，靠重力从高处滑翔而下，最多也只能作短距离飘落，更别说操纵，结果都是以失败告终（图1–1）。

图1–1　人类模仿鸟类飞行

▶伊卡洛斯飞逃软禁

希腊建筑师兼发明家代达罗斯替克里特岛的国王米诺斯建造一座迷宫，用来囚禁米诺斯的牛头人身的儿子米诺塔。但国王担心伊卡洛斯泄密，于是下令将代达罗斯和他的儿子伊卡洛斯一同关进迷宫里的塔楼，以防他们逃跑。

为了逃出，代达罗斯设计了以蜡和鸟羽制成的不能耐高温的飞行翼。他告诫儿子：“飞行高度过低，蜡翼会因雾气潮湿而使飞行速度受阻；而飞行过高，则会因强烈阳光照射而灼烧，造成蜡翼溶化。”

最后，他们父子从岛上的石塔展翅飞翔逃出，但年轻的伊卡洛斯因初次飞行所带来的喜悦，却忘记了父亲的嘱咐，越飞越高，因接近太阳使蜡翼溶化，最终导致坠海身亡。父亲代达罗斯目睹此景，悲伤地飞回家乡，并将自己身上的那对蜡翼悬挂在奥林帕斯山的阿波罗神殿里，从此不再飞翔。

（二）风筝、火箭——最早的飞行器

随着社会发展，人类逐渐掌握了手工技术，古代中国人相继发明了风筝、天灯等可以飞入空中的人造物。后来，古代中国人又利用火药燃烧时的反作用力发明了早期的火箭。

美国国家博物馆中的一块牌子上醒目地写着：“世界上最早的飞行器是中国的风筝和火箭”。

英国博物馆把中国的风筝称之“中国的第五大发明”（图1–2）。

在11世纪前后，古代中国制造了原始火箭。它用纸糊成一个筒，把火药装在筒内（相当于固体火箭发动机），然后将药筒绑在箭杆上。药筒前部封闭，后部开口（即喷管）。火药燃烧时从后口喷出大量气体，利用反作用力推动火箭前进。这种原始火箭，实际上就是现代火箭的雏形（图1–3）。

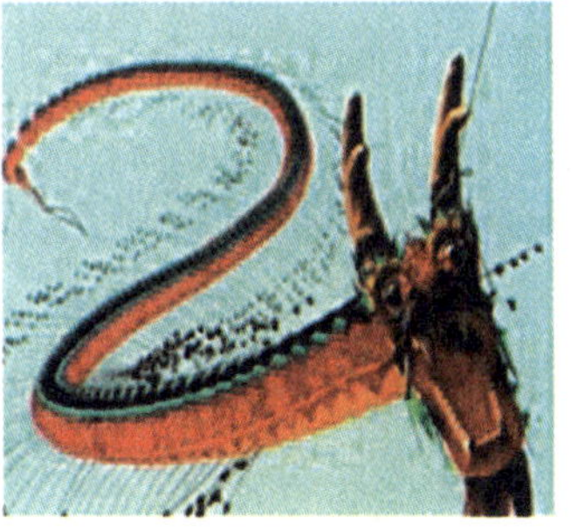

图1–2 墨子所制木鹞及现代风筝

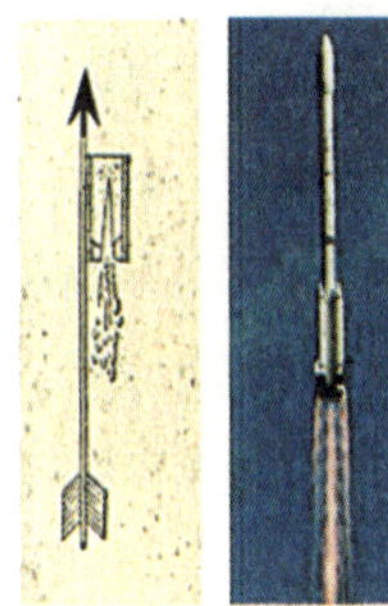

图1–3 原始火箭及现代火箭

读一读

▶“万户”山

美国学者基姆在其著作《火箭与喷气》一书中提到：“约当14世纪之末，有一位名叫万户的中国官吏，他把自己绑在椅子上，两手各持一大风筝。然后让他的仆人同时点燃47枚火箭，其目的是想借火箭向前推进的力量，加上风筝上升的力量飞向前方。”结果以失败告终。

1959年，科学家们将月球背面的一座环形山命名为“万户”山，以纪念“第一个试图利用火箭做飞行的人”。

（三）热气球、飞艇——载人航空器的发明

在18世纪产业革命的推动下，法国蒙哥尔费兄弟于1783年6月5日首次进行了热气球放飞表演，轰动一时，标志着人类航空史上的第一次重大突破（图1–4）。

飞艇是由气球演变而来的，它们都属于轻于空气的飞行器。因为气球随风飘动，不能控制前进方向，所以人们就开始研究在气球下面的吊篮中安装动力装置和方向舵，于是飞艇诞生了。

最早的飞艇是法国H.吉法尔于1852年制成的蒸汽气球，其气囊形如雪茄，下悬吊舱，装有蒸汽机，带动三叶螺旋桨，并有方向舵。在飞艇方面，德国的F.齐柏林获得最大成就，他所研发的硬式飞艇被广泛运用于商业、军事方面（图1–5）。

（四）滑翔机

滑翔和翱翔是滑翔机的基本飞行方式。滑翔机是一种没有动力装置，重于空气的固定翼航空器（图1–6）。

19世纪初英国的G.凯利首先提出了利用固定翼产生升力和利用不同的翼面控制和推进飞机的设计概念，是飞机走向成功的第一步。但他没能实现动力飞行。这一时期，还有许多人先后也对飞行器进行了研究，但都未获得成功。

图1–4　热气球升空

图1–5　齐柏林飞艇

图1–6　现代滑翔机

二、活塞发动机飞机时期

（一）人类历史上的第一架动力飞机

1903年，莱特兄弟设计和制造了带活塞发动机的“飞行者”1号飞机，并于当年12月17日成功地进行了4次动力飞行。其中第四次飞得最远，约260米，飞行59秒。莱特兄弟实现了人类首次持续的、有动力的、可操纵的飞行，开创了现代航空的新纪元（图1–7）。

图1–7　“飞行者”1号

▶中国的第一架飞机

冯如，1883年12月25日出生于广东恩平，十几岁到美国做工。经过刻苦钻研机械工艺技术，掌握了机械和电学等方面的知识。莱特兄弟的飞机飞行成功后，冯如深受影响，决心研制并驾驶飞机，为国争光。1907年，冯如与其他几位华侨一起，在奥克兰租厂研制飞机，虽屡遭挫败，但毫不气馁，经过10多次修改，于1909年9月21日，在美国奥克兰市附近的派得蒙特山丘上成功驾驶自己设计制造的飞机。这是中国人首次驾驶自制飞机飞上蓝天。

后来又进行过多次飞行，他的飞行高度达210米，速度达每小时105千米，沿海湾飞行距离达32千米。1910年，冯如又新制成一架双翼机，在奥克兰进行表演，获得成功。孙中山先生称赞“我们中国有杰出的人才”。

1911年2月，冯如带着助手及两架自制飞机回到国内，准备报效祖国。1912年8月25日，冯如在广州燕塘驾驶自己制造的飞机在中国领土上进行第一次飞行。由于操纵系统失灵，飞机飞至百余米时失速下坠，冯如身负重伤经抢救无效，不幸遇难，成为中国第一位驾机失事的飞行员。

（二）飞机在第一次世界大战中的运用

早期的飞行器多数用于娱乐，主要从事观光、表演。第一次世界大战中，飞机开始大规模用于军事目的，并出现了侦察机、轰炸机、驱逐机、强击机、教练机等不同机种。飞机性能也有了很大提高（图1–8）。

（三）航空技术的发展

20世纪的两次世界大战极大地刺激了航空业的发展，剩余军用飞机和大量退役飞行员被转为民用运输，进行运输和邮递服务（图1–9）。

图1-8 第一次世界大战中的飞机

图1-9 最早旅客机F-13

三、喷气式飞机时期

喷气发动机的诞生为人们追求更快更高的飞行目的提供了动力基础，从此，便进入了喷气机时代。

（一）喷气式飞机的问世

德国的冯·奥亨研制的安装Hes3B涡轮喷气发动机的He178飞机于1939年8月27日首次试飞成功，成为世界上第一架喷气式飞机（图1–10）。

图1-10 安装涡轮喷气发动机的飞机

（二）突破音障、克服热障，飞机实现超音速飞行

声波的传递速度有限，移动中的声源便可追上自己发出的声波。当物体速度增加到与音速相同时，声波开始在物体前面堆积。如果该物体有足够的加速度，便能突破不稳定的声波屏障，冲到声音前面，这就是突破音障。

“热障”是指飞机速度快到一定程度时，与空气摩擦产生大量热量，从而威胁到飞机结构安全的问题。典型的克服“热障”飞机型号有SR-71、米格-25。

四、国际民航业现状

（一）低利润率民航运输的快速增长

2012年全球航空客运量同比增长5.3%。由于运量增长，加之航空公司采取更加严格的运力管理，极大地刺激了货运市场，从而促使民航运输业快速增长。

2000年前的近40年间，全球航空业的平均利润率都只有1%，但从2002年至2011年，全球航空公司却实现收入4.6万亿美元，航空运输已成为世界上增长速度最快的行业之一。

（二）各国放松管制，航空运输自由化

经济全球化的核心，是全球市场一体化，要求以“贸易自由化”为基本原则，推动生产要素的自由流动，实现资源在全球范围内的优化配置。而国际航空运输是生产要素得以自由流动不可缺少的重要手段。

事实证明，开放的市场环境，是航空运输得以发展的必要条件。这是由航空运输的特性所决定的。所以各国相继开放航权，放松管制以促进本国民航业的快速发展。

（三）枢纽运营，航空联盟出现

枢纽航空系统是当今世界大型航空公司和机场普遍采用的一种先进的航空运输生产组织形式。它具有优化航线结构，合理配置资源，增强企业竞争力，促进机场繁荣等多重作用（图1–11）。

随着世界经济区域化、一体化进程的加快，航空运输业出现了多种形式的利用经济手段进行的合作。一般是以航空公司间的联盟为主，这种联盟从范围上看正在由双边向多边、区域向全球拓展。目前涉及各国航空公司的联盟项目已达数百个。

图1–11 全球最大机场——迪拜阿勒马克图姆国际机场

（四）廉价航空公司兴起

廉价航空公司（Low Cost Airline/Carrier，No Frill Airline 或 Budget Airline）又称为低成本航空公司或低价航空公司，指的是将营运成本控制得比一般航空公司较低的航空公司形态。它带来了航空旅行从豪华、奢侈型向大众、经济型的转变。

据统计，2012年全球有廉价航空公司60余家，共计1300余架飞机，仅欧洲20多家廉价航空公司就运营着500余条航线。总部设在爱尔兰的瑞安航空公司（Ryanair）是欧洲最大的廉价航空公司（图1–12）。

廉价航空，如春秋航空（图1–13），运输成本的降低主要是依靠两种方式：一个是通过提高飞机利用率来降低单位成本，另一个是通过降低维护成本，提高边际效益。

图1–12　瑞安航空公司

图1–13　中国春秋航空

第二节
中国民航的“前世今生”

中国民航事业发展至今大致可分为艰难曲折发展和突飞猛进两个阶段，中国民航业在国际民航业的地位以及民航强国的发展梦想都值得我们去关注。

一、中国民航发展的五步曲

我国民航业在20世纪初的北洋军阀政府和中期的南京国民政府的推动下有了一定发展。我国境内先后曾有过4个航空运输机构，约有15000公里国内航线以及一条通往河内的国际航线。

太平洋战争爆发后，中国民航运输事业更是在挣扎中求生存，业务日益衰落，“欧亚航空公司”已濒临破产；“中国航空公司”终于在“驼峰航线”中得到了发展的机会，并逐渐壮大了自己的力量。“央航”（欧亚航空公司改组后的名称）和“中航”战后获得了一定的喘息机会，修复和发展了自身实力。

▶驼峰航线

1941年12月，太平洋战争爆发后，中国抗日战争进入相持阶段，日军切断滇缅公路，用以中断中国经海路和陆路获取战略物资。中美两国被迫在印度东北部的阿萨姆邦和中国云南昆明之间开辟了一条新的空中通道，这条空中通道就叫驼峰航线。

在长达3年的艰苦飞行中，中国航空公司共往返飞行了8万架次，美军先后投入飞机2100架，双方参加人数达84000多人，共运送了战略物资85万吨、战斗人员33477人。单是美军一个拥有629架运输机的第10航空联队，就损失了563架飞机。在这条航线上，美军共损失飞机1500架以上，牺牲优秀飞行员近3000人，损失率超过80%！而前前后后拥有100架运输机的中国航空公司，先

图1-14 最完整的“驼峰航线”C-53号飞机残骸

后损失飞机48架，牺牲飞行员168人，损失率超过50%。

“驼峰航线”途径高山雪峰、峡谷冰川和热带丛林、寒带原始森林以及日军占领区；加之这一地区气候十分恶劣，强气流、低气压和冰雹、霜冻，飞机在飞行中随时面临机毁人亡。所以“驼峰航线”是世界战争空运历史上持续时间最长、条件最艰苦、付出代价最大的一次悲壮空运（图1-14）。

（一）1949—1957年中国民航业的初创期

“两航”起义带来的12架飞机，加上国民党遗留的17架飞机，构成了新中国民航事业创建初期飞行工具的主体。到1957年年底，中国民航已拥有各类飞机118架，绝大部分机型为苏联飞机。

新中国首次进行机场改造，在这一时期，民航重点建设了天津张贵庄机场、太原亲贤机场、武汉南湖机场和北京首都机场。首都机场于1958年建成，中国民航从此有了一个较为完备的基地（图1-15）。

图1-15 1958年建成的首都机场一号航站楼

（二）1958—1965年中国民航业的调整期

由于受“大跃进”影响，民航事业已经脱离正常发展轨道。1961年开始，中国民航业进行了“调整、巩固、充实、提高”，终于使民航事业重新走上正轨，并取得了较大的发展。尤其是改善了飞行条件和服务设施，特别是完成了上海虹桥机场和广州白云机场的扩建工程（图1-16、图1-17）。

（三）1966—1976年中国民航业的曲折发展时期

长达十年的“文化大革命”致使国民经济已经下滑到崩溃的边缘，中国民航业因此受到重创。

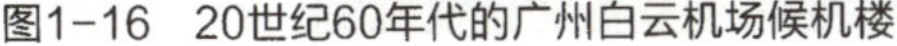
图1-16　20世纪60年代的广州白云机场候机楼

图1-17　20世纪60年代扩建后的上海虹桥机场

（四）1977—2001年中国民航业的快速发展时期

此间中国民航业多次进行体制改革，其改革内容主要包括：政企分开，强化政府管理职能；推行地区管理局、航空公司和机场分开设立；组建民航主页服务的相关机构；机场下放地方政府管理。引进先进飞机，加快机场发展，客货运量突增。

（五）2002年后中国民航业的全球化、大众化时期

2002年开始中国民航业进入了全面体制改革时期，赢得了飞速发展，进入了全球化、大众化时期。

本着“政企彻底分离，政资分离，行业重组”的改革原则，2002年中国民航三个航空运输集团和三大航空服务保障集团正式成立（图1–18）。

对外开放步子加大。从2002年开始，中国民航对外经济技术合作与交流蓬勃发展。同时，中国民航对内开放也实现了突破，上海均瑶集团参股中国东方航空武汉有限责任公司，是民营资本首次进入运输航空公司。航空运输实现快速增长。

图1-18　航空运输集团和航空服务保障集团

二、中国民航业现状

经过新中国几十年的发展，作为国民经济和社会发展的重要行业和先进的交通运输方式，我国民航业伴随整个国民经济的发展而不断发展壮大（表1–1，表1–2）。

表1-1　2010—2012年机队规模统计

类别＼年	2010	2011	2012
运输机	1597架	1764架	1941架
通用飞机	1010架	1124架	1320架
运输机场	175个	180个	183个
年旅客吞吐量超1000万人次的机场	16个	21个	21个

表1-2　2010—2012年民航周转量统计

类别＼年	2010	2011	2012
运输总周转量	538.45亿吨公里	577.44亿吨公里	610.32亿吨公里
旅客周转量	2.68亿人次	2.931亿人次	3.1936亿人次
货邮周转量	563万吨公里	557.5万吨公里	545万吨公里

航空运量持续快速增长，航线网络不断扩大，机队运输能力显著增强，机场、空管等基础设施建设取得重大进展，管理体制改革和扩大对外开放迈出较大步伐（图1–19）。

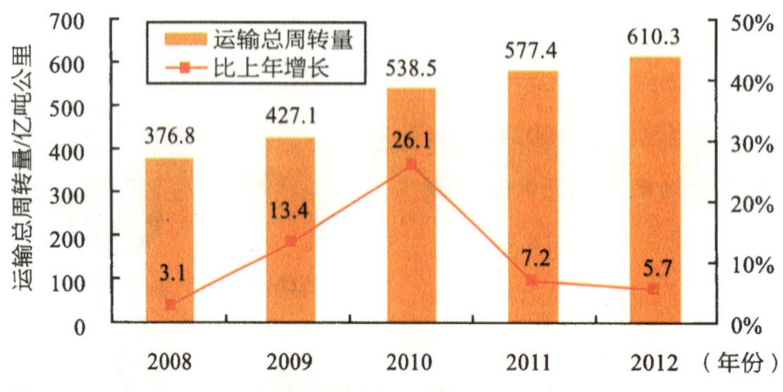

图1–19　2008—2012年民航运输总周转量

我国民航大众化、多样化趋势明显，快速增长仍是阶段性基本特征。伴随着民航业规模不断扩大，民航对地方经济社会发展的带动作用逐步显现，已成为各地转变发展方式、调整经济结构、实现产业升级的助推器。航空运输在我国改革开放和加速现代化建设中发挥着越来越大的作用。

未来一个较长时期，中国经济仍将保持平稳快速发展趋势，这将为中国民航的快速发展提供广阔的空间。到2020年，伴随中国全面建成小康社会，民航强国将初步成形。

到2030年，中国将全面建成安全、高效、优质、绿色的现代化民用航空体系，实现从民航大国到民航强国的历史性转变，成为引领世界民航发展的国家。

▶高速发展的中国机场

图1-20　北京首都国际机场三号航站楼全景

2011年年初，以旅客吞吐量为特征、反映世界机场繁忙程度的统计数据公布，北京首都国际机场（图1-20）以7400万旅客人次首次超越美国芝加哥和英国伦敦机场位居世界第二大繁忙机场，环比增幅依然高达14%。同时，在世界前三十大繁忙机场排名中，香港、广州以及上海浦东国际机场也跻身其中。截至2010年年底，世界前三十大机场排名中，中国已经占据四个席位。根据2011年民航局发布的十二五战略规划，2015年年底，中国民航旅客承运人次将突破4.5亿人次，到2020年中国将有望成为世界第一大航空客运市场。

第三节
世界民航发展趋势

伴随着航空技术的进步和运输组织管理及服务水平的提高，特别是大型民用运输机出现后，世界民航业一直处于快速增长状态。到目前，全球形成了以北美、欧洲和亚太地区为主的三大航空市场，共占全球市场份额接近90%。

受经济全球化、发达国家放松航空管制以及向后工业化转变等一系列因素的影响，世界民航业呈现出一些值得关注的重要特征和趋势，使得发展格局和利益获取已经和正在发生着深刻变化。

一、大力发展民航业成为国家和地区战略的重要组成部分

（1）民航业是国家和地区经济发展的重要驱动力。航空业带动的经济链条，可以聚集大量的人流、物流、资金流、技术流、信息流等优质资源，创造丰富的发展机会，对区域经济社会发展产生强大的辐射效应。

（2）民航业对政治、社会、军事、外交、文化等领域，也发挥着十分重要的战略作用。许多国家（地区）把民航定位为战略性产业，把发展民航业上升为国家（地区）战略，使之成为在全球化过程中获取利益的有力工具。

二、世界各国日渐趋向航空“自由化”

近年来航空业的发展最突出地表现为自由化的趋势。自由化对世界各国的国际和国内的航空市场都产生了积极作用，同时也对政府的作用和企业经营带来了一定的挑战。

（1）美国实行“开放天空”政策。

（2）欧盟成立，会员国之间无航权限制。

（3）亚太地区将解除管制、开放天空，空运市场将走向自由化。

（4）多边航权协定出现。

▶航空运输自由化

国际航空运输业的自由化最早发源于1944年国际民航组织成立之初，当时美国提出在国际航空运输中实行“开放天空”的建议，但在各国普遍对该产业实行严格的政府管制的条件下，这一建议没有得到其他国家的响应。

从20世纪70年代起，人们逐渐认识到航空运输产业具有更多的竞争性，于是以美国为代表的航空发达国家开始对航空业实行放松管制和自由化（deregulation and liberalization）的政策，使国内航空运输发生了许多积极的变化，对国际航空市场也带来了一定影响。

这些国家的大航空公司在国内放松管制的基础上，纷纷要求放松国际市场的政府管制，以拓展更广阔的市场空间。于是在对国内放松经济性管制的基础上，适应本国企业的需要，航空发达国家尤其是美国对外推行自由化政策，提出“天空开放”主张，要求在双边或多边航空协定中互相开放对方市场，允许企业的自由进入。

自1992年荷兰和美国签订第一份“天空开放”（Open Sky）双边协定以来，自由化趋势加速发展，对世界民航业产生着全方位的深刻影响。

三、全球性航空战略联盟占据市场主体地位

全球联盟以低成本扩展航线网络、扩大市场份额、增加客源和收入带来了更多商机，并且可以在法律允许的条件下实行联合销售、联合采购以降低成本，充分利用信息技术协调发展。所以联盟将占市场的主体地位。

目前，全球航空客运市场70%以上的份额被星空、寰宇一家和天合三大联盟所瓜分。

▶世界三大联盟

星空联盟（Star Alliance），世界上成立最早、规模最大的联盟组织。成立于1997年5月14日的国际性航空联盟，初期是由5家分属不同国家的大型

图1-21　星空联盟

图1-22　天合联盟

图1-23　寰宇一家

国际航空公司结盟，现在成员数已发展到25个之多，它的成立也掀起20世纪末期一股航空联盟热潮，其他对手航空竞相结成伙伴成立联盟团队（图1-21）。

天合联盟（SkyTeam，又译“空中联队”），2000年6月22日美国达美航空公司、法国航空公司、大韩航空公司及墨西哥国际航空公司宣布共同组建“天合联盟”（图1-22）。截至2011年9月，天合联盟的会员包括14家航空公司。天合联盟最常说的是：“No problem”（没问题）；天合联盟的口号：Caring more about you！（我们更关注您！）。

寰宇一家（oneworld）是全球第三大航空联盟，于1999年成立，初时总部位于加拿大温哥华，其后于2011年5月26日正式宣布把总部迁往美国纽约市。寰宇一家现有约800个航点，共约150个国家，每日航班数目接近9000次，接载超过3.3亿名乘客（图1-23）。

四、通用航空蓬勃发展

通用航空涉及国民经济的很多领域，其重要性不言而喻，世界各国政府加大力度发展通用航空。

据权威部门公布，现在全球通用飞机约有34万架，其中，仅美国就有约22.2万架，占全球通用航空飞机的70%左右，加拿大约有3.1万架通用航空飞机，澳大利亚、俄罗斯、巴西等国拥有的通用航空飞机也都在1万架以上。

▶通用航空的定义

通用航空涉及国民经济的很多领域，包括企业和个人的公务飞行、教学飞行、空中观光、体育航空、工农业生产、城市治安、医疗救援、环境保护等。我国《通用航空飞行管制条例》第三条规定:“通用航空，是指除军事、警务、海关缉私飞行和公共航空运输飞行以外的航空活动，包括从事工业、农业、林业、渔业、矿业、建筑业的作业飞行和医疗卫生、抢险救灾、气象探测、海洋监测、科学实验、遥感测绘、教育训练、文化体育、旅游观光等方面的飞行活动”。

（一）经济价值

通用航空是各国国民经济的重要组成部分，也是保持经济增长的有力工具。因为通用航空本身就是一个链条庞大的产业，直接涉及投资、生产、流通和消费各个环节，涉及制造、维修、营销、服务等多种领域。

（二）带动就业

通用航空产业投入产出比为1:10，就业带动比为1:12。现在美国通用航空产业一年的产值为1500亿美元，提供了126.5万个就业岗位，通用航空对美国的经济贡献为1500亿美元，超过当年GDP的1%。

（三）军事价值

通用航空具有准军事性质，可随时服从国家军事部门的调遣或完全转为战时军事体系中，可加强国防建设，维护国家安全。

（四）带动相关产业

通用航空可以带动诸如新材料、电子、通信、能源等一系列相关高新技术产业的发展。通用航空发展不仅关系到国民经济发展，而且与百姓生活息息相关，进而关系到人民生命财产安危。

（五）与百姓生活息息相关

通用航空作为骨干航空公司、地区航空公司之外的第三种国家航空运输力量，将大大缓解高速公路和枢纽机场的拥挤情况。例如，美国近郊、农村和偏远地区的旅客进行航空旅行的速度可以提高到高速公路旅行的4倍。

五、新科技引领民用航空发展

近十多年来，高新科技的研制和应用正在并将进一步提升民用航空的安全水平，促进民用航空持续快速发展。

（一）发展超大型飞机制造技术

空中客车A380飞机，合理采用了碳纤维等新材料和新型发动机等高新技术，飞机的安全性和舒适度得到大幅提高（图1–24）。

图1–24　空客A380经济舱

在空中交通管理领域广泛应用现代通信、卫星、自动化和计算机技术，展开了以星基导航为主导的空管技术革命。

（二）兴起绿色化的航空运输革命

引入“绿色环保”理念，从改善飞机空气动力、提高发动机燃油性能、研制新一代聚合物和复合材料等方面降低航空运输对环境的污染。

六、低成本航空的快速发展，促进航空运输的大众化

低成本航空通过低价格吸引新的航空客流，通过差异化的市场定位满足了消费者多样化的消费需求，增加了航空旅行的发展机遇。

全球低成本航空市场份额从2001年的7.8%猛增到2011年的24.7%。其中。欧洲2011年低成本航空市场份额更是达到了32.5%，美国达到了30%，亚洲达到了15.6%。亚洲低成本航空增长速度最为迅猛，从2001年市场份额不到1%迅速成长为一股不可小视的力量。

印度低成本航空的发展：2005年市场份额为12.3%，截至2011年印度低成本航空已经占领国内航空市场的71%，成长速度惊人。图1–25为运营远程航线的印度捷特航空公司。

爱尔兰航空公司（图1–26）在1936年5月22日注册成立。Aer Lingus是把爱尔兰语形式的Aer Loingeas英语化，意为航空机队。爱尔兰航空公司的口号是：低价，舒适旅程。

图1–25　运营远程航线的印度捷特航空公司

从增长趋势来看，过去20多年中，低成本航空增长速度普遍高于航空业平均水平。未来几年低成本航空将保持两位数的增长率，而民航业增长率在5%以下。

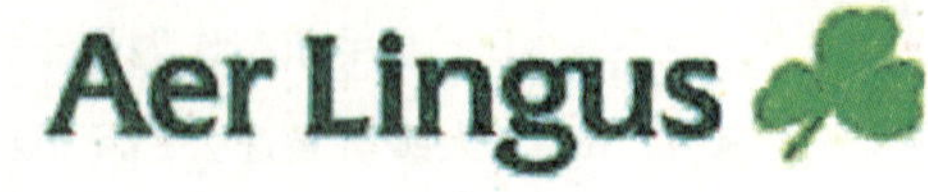

图1–26　运营远程航线的爱尔兰航空公司

预计到2015年，其市场份额将达到30%，到2020年低成本航空市场份额将有望突破40%。

七、安全运行，已成为各国民航业的首要任务

安全是社会文明与进步的标志，安全已是一个国家综合实力的体现。航空运输安全关系到消费者生命财产安全，在一定程度上影响社会稳定和谐，关乎国家形象。

世界航空界采取了一系列措施来提高全球的航空安全，如采用新的国际保安标准；国际民航组织的成员国制定了新的航空安保计划。

2012年，全球四大民航管理机构（美国联邦航空管理局、欧洲航空航天局、中国民航总局、俄罗斯联邦航空运输署）进一步加强了对所辖航空承运人的安全监管力度，工作重点之一是针对航空营运执照（AOC）的资质管理。

国际民航安保重点大致可分为三个方面：一是坚持不懈地评估新出现的和正在形成的有关航空安保方面的威胁，以确保培养先发制人的能力；二是不断监控和改善现行的安保程序，以确保它们能与所查出的威胁水平相抗衡；三是在保持最高安全水平的同时，加速旅客登机的安全检查，其中某些环节可通过新技术来保证。

根据国际航空联合会飞行安全数据库显示，2012年全球商业航空器共发生飞行安全事故121起，低于2011年的127起和2010年的156起，死亡691人（包括地面死亡54人），低于过去十年每年死亡801人的平均水平。尽管全行业整体的安全表现优异，但亚非、拉美等国家的航空安全水平还远远落后于其他地区（图1–27）。

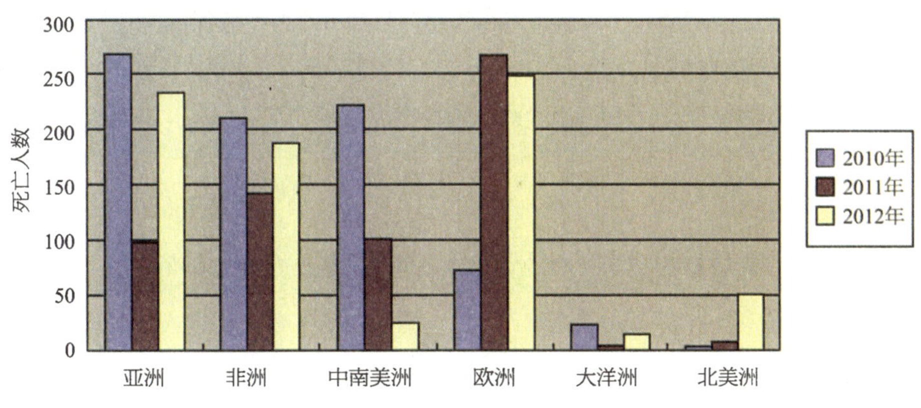

图1–27　2010—2012年民用航空器飞行事故死亡人数地区统计图

航空安全面临的问题很多，空防安全任重道远，各国民航管理机构需要不断完善管理细节，最大限度地确保空防安全。

一、请你思考

（1）航空器的发展经历了哪些阶段？

（2）中国民航未来20年需要多少民航服务性人才？

二、案例分析

2012年8月30日，熊毅在得知债主熊某即将从湖北襄阳乘坐飞机到广东东莞市索债，欲阻止或迟滞熊某到东莞市。当天22时29分，熊毅通过号码任意显功能，虚拟襄阳的一个座机号，于当天22时32分拨打深圳机场的客服投诉电话，谎称当天从襄阳飞往深圳的深圳航空公司ZH9706航班上有爆炸物，该爆炸物将于飞机起飞后45分钟爆炸。

深圳航空公司接到通报后，协调空管部门指挥ZH9706航班于当天23时22分紧急备降武汉天河机场。为保障ZH9706航班紧急备降，导致9个其他航班紧急避让，武汉天河机场地面待命航班全部停止起飞。武汉天河机场为此启动了二级应急响应程序，调动机场、消防、急救等多个部门应急处置，应急救援人员达200多人，车辆30余台次。

直至次日凌晨2时15分，ZH9706航班未发现炸弹及其他威胁航空安全的情形。经鉴定，此次事件给深圳航空公司造成直接经济损失17.5万，间接经济损失3万余元。

“8·30”威胁爆炸深圳航班案在襄阳高新技术产业开发区法院宣判，熊毅被判处有期徒刑4年。

试分析该案件，为何熊毅会被判处有期徒刑4年？

三、行动建议

请统计我国前十大机场概况并介绍其中两家机场的详细情况。

第二章

民航岗位分类

引言

我国的民航业发展日新月异，发展的速度远远高于世界平均水平，已经成为世界民航大国。分工越来越细，是现代社会的一大特征。民航业服务岗位的分工系统、分明、严格，不同岗位的不同职责，决定了不同的用工要求。

第一节
民航岗位分类

民航岗位根据分工不同，设置了不同的岗位，对我们从民航院校毕业的学生而言，常见的服务岗位有空中乘务、民航安全技术检查、隔离区监护、飞机监护、VIP服务、值机、问询服务、机场票务、易登机服务、机场导乘服务、机务维修岗位等。

一、空中乘务

空中乘务员简称空乘，是指在民航飞行器上维护飞行安全以及服务旅客的人员（图2-1）。女性称空姐，已婚的又称空嫂；男性称空哥。

图2-1　美丽的空中乘务员

▶最早的空中乘务员

由于早前的航空科技落后，机舱狭窄，因此早期的航空都是以空邮、观光或军用为主，即使能够载客，亦只能勉强载两名乘客，根本容不下机舱服务员。

1923年，英国戴姆勒航空开始聘请空中服务员，据文献记载，第一位空中服务员为英国白人杰克·辛德逊。可是，这位空乘第一人却在次年空难中丧生。

美国最早的空中服务员出现在1930年，一位名为埃伦·切奇的25岁护士被美国联合航空聘用在飞机上照顾乘客。空中服务员最初普遍出现时，主要由男性担任。后来渐渐演变成以女性为主，至近年才有男女性皆有的格局。

其实，空中乘务员的职责主要是维护飞机飞行安全，其次才是服务乘客（图2–2，图2–3），乘客常常看见的是空姐、空哥服务的一面，所以会视他们为服务生。

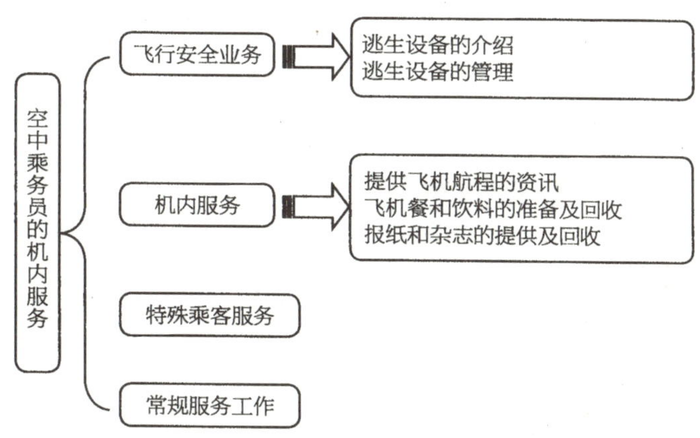

图2–2　空中乘务员的主要机内服务一览

图2–3　空中乘务专业学生正在练习为旅客提供饮料服务

▶乘务员/安全员的用工要求

每一个航空公司对乘务员/安全员的用工要求虽然有所不同，但基本要求是一致的。

一、学历与专业

教育部承认的大专（含）以上学历，专业不限。

二、语言

（1）外语口语标准：要求外语口语较为流利，日常交流基本无障碍，达到口语考核合格标准。

（2）普通话口语标准：要求声韵母发音清楚，方言语调不明显，达到汉语口语考核合格标准。

三、年龄

（1）本科（含）以下：未婚，18—25周岁。

（2）硕士（含）以上：未婚，27周岁以下。

四、外形

（1）女：五官端正，面容姣好，气质佳。

（2）男：五官端正，体格健康（需兼职安全员，裸眼或手术后视力应达到C字表0.7或以上）。

五、身高体重（kg）

女：身高1.63～1.73m；体重[身高（cm）−110]×90%×[身高（cm）−110]

男：身高1.72～1.85m；体重[身高（cm）−105]×90%×[身高（cm）−105]

六、视力

女：矫正视力0.5 以上；男：裸眼视力0.7 以上（C 字表视力标准）。

任何一眼未矫正远视力应不低于0.7（环形视力表）。如视力经过屈光性角膜手术矫正，面试时还需携带手术病例（并非诊断证明）；无斜视、无色盲。

七、身体条件

符合中国民用航空局颁布的空中乘务员体检标准：

（1）无“X”形腿、“O”形腿、无四环素牙、文身等形体特征。

（2）身体裸露部分无疤痕，无传染性疾病、无腋臭。

（3）无口吃，无晕车、晕船史。

（4）无慢性病史、无精神病家族史、无遗传病史、无癫痫病史。

（5）无久治不愈的皮肤病，无骨与关节疾病或畸形；

（6）无肝炎或肝脾肿大。

八、其他

（1）拥有中华人民共和国公民身份。

（2）本人及家庭成员无犯罪记录。

（3）热爱民航事业，遵纪守法，无不良行为，身心健康，符合空勤人员体检及政审的相关要求。

备注：对于部分有乘务服务经验的优秀应聘者，可适当放宽招聘条件。

二、民航安全技术检查

民航安全技术检查简称安全检查，是指乘坐民航飞机的旅客在登机前必须接受的一项人身和行李检查项目，这也是为了保证旅客自身安全和民用航空器在空中飞行安全所采取的一项必要措施。

（一）检查科室

检查科室包括基础岗位、验证岗位、人身检查岗位、X射线操作岗位、开箱（包）检查岗位，各岗位职责分别如下所述。

基础岗位包括待检区维序检查岗位、前传检查员岗位。

图2-4 待检区维序检查检查员正在维持秩序

基础岗位的职责：

维持待检区秩序并通知旅客准备好身份证件、客票和登机牌（图2-4）；

开展调查研究工作；

在X射线机传达带上正确摆放受检行李物品（图2-5）。

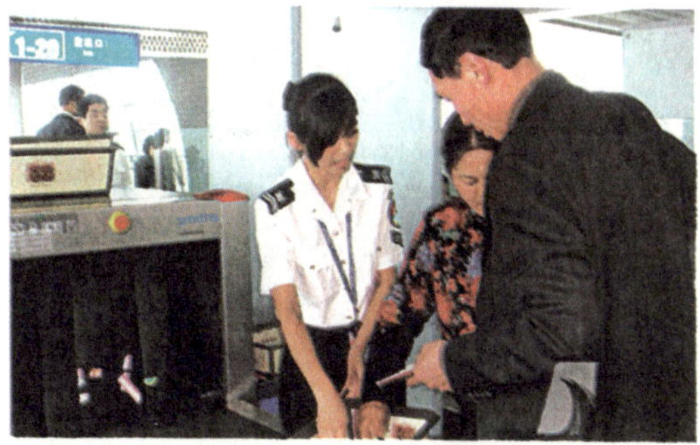

图2-5 前传检查员正在替旅客摆放行李

验证岗位职责：

负责对乘机航班旅客的有效身份

证件、客票、登机牌进行检查，识别涂改、伪造、冒名顶替以及其他无效证件（图2–6）；

开展调查研究工作；

协助执法部门查控在控人员。

人身检查岗位职责：

人身检查岗位包括引导和安全检查两个具体岗位；

引导旅客有秩序地通过安全门；

检查旅客放入托盘中的物品；

对旅客人身进行仪器或手工检查（图2–7）；

准确识别并根据有关规定正确处理违禁物品。

X射线操作岗位职责：

按操作规程正确使用X射线机；

观察辨别监视器上受检行李（货物、邮件）及重点检查部位；准确无误地通知开箱（包）检查员（图2–8）。

开箱（包）检查岗位职责：

对旅客行李（货物、邮件）实施开箱（包）手工检查；

准确辨认和按照有关规定正确处理违禁品及危险品；

开具暂存或移交物品单据（图2–9）。

图2-6　验证检查员正在检查证件

图2-7　人身检查员正在手检乘客

图2-8　机场安检

图2-9　旅检开箱包检查员正在开箱包检查

资料库

▶民航安检员用工要求

（1）品行端正、无不良行为记录、无违法犯罪记录。

（2）国家承认的大专（含）及以上学历。

（3）男净身高不低于170cm，女净身高不低于160cm。

（4）工作积极认真，有良好的沟通和表达能力。

（5）取得初级安检资格证书。

（6）具有良好的团队合作精神。

（7）能够接受倒班。

（二）监护科室

监护科室分为隔离区监护和飞机监护。

隔离区监护：隔离区监护的任务是对隔离区的管理、清理和检查，禁止未经检查的人员与已经过检查的人员接触和随意进出，防止外界人员向内传递物品，防止藏匿不法分子和危险物品，保证旅客和隔离区的绝对安全（图2–10）。

飞机监护是指安检部门对执行飞行任务的民用航空器在客机坪短暂停留期间进行监护，其范围是以飞机为中心，周围30米区域。飞机监护是确保航空器和旅客安全的重要环节（图2–11）。

飞机监护的任务：担负对民用航空器监护区的清查监护，对出、过港民用航空器，经过安全检查的旅客及其手提行李实施监护；注意发现可疑人员，防止劫、炸机分子强行登机进行破坏活动。

图2–10　隔离区监护工作人员正在执勤

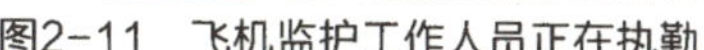

图2–11　飞机监护工作人员正在执勤

▶**民航监护岗位用工基本要求**

（1）无不良行为记录，无违法犯罪记录。

（2）大专（含）以上学历。

（3）男净身高不低于170cm；女净身高不低于160cm。

三、地勤人员

地勤人员是相对于空勤人员而言的。常见岗位有VIP服务、值机、机场问询、易登机服务、机场票务、机场导乘服务等。

（一）VIP服务

VIP（Very Important Person，VIP），直译为"重要人物"、"要员"、"非常重要的人"，其他称呼还有"贵宾"，"贵客"、"重要人士"、"高级用户"、"高级会员"等，是一个组织、派对、社团、国家等对访客的一种分类。因此VIP服务也叫贵宾服务。

图2-12　某机场VIP服务人员工作现场

机场贵宾服务主要服务内容分为贵宾送机和贵宾接机。按照服务对象又分为VVIP、公务机通道服务、头等舱和公务舱贵宾室服务、VIP服务等（图2-12）。

其中，VVIP服务是利用要客通道为贵宾提供的直接进出机坪的服务；VIP服务是利用正常旅客通道提供协助办票、贵宾室休息等一条龙服务。

VIP贵宾服务一般流程如图2-13所示。

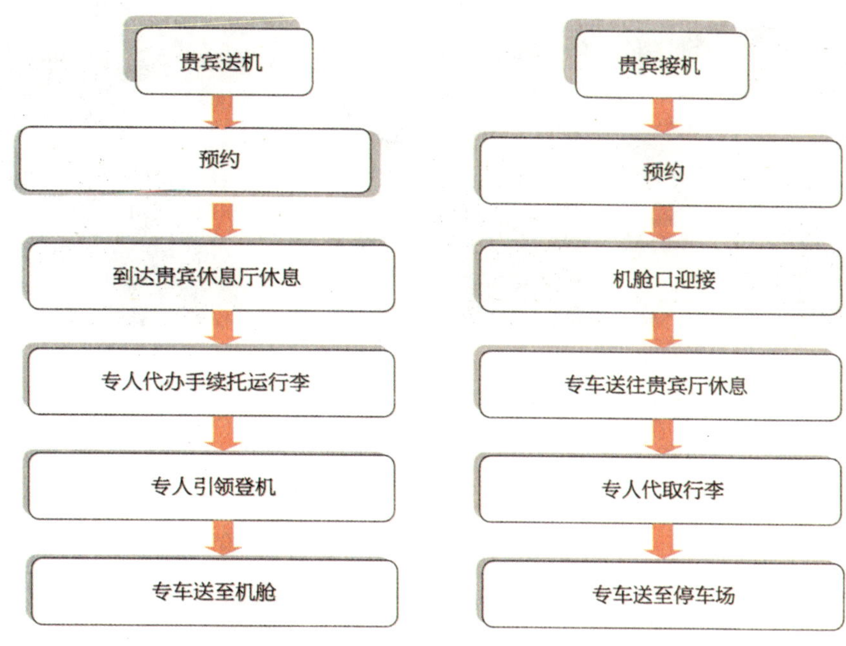

图2-13　VIP服务一般流程

▶VIP贵宾服务岗位用工要求

（1）大专（含）以上学历。

（2）CET-4以上或同等英语水平。

（3）形象气质佳，开朗大方，性格外向，普通话标准，有一定的社交能力。

（4）身体健康，精力充沛，吃苦耐劳，服从分配。

（5）具备机场贵宾厅工作经验者优先考虑。

（二）值机

值机是民航的一种工种，就是为旅客办理乘机手续（换登机牌、收运旅客的托运行李、安排旅客的座位，图2-14）。

航空公司的值机岗位可分为国际值机、国内值机和值机控制三块业务，有些大型基地航空公司或有能力代理外航值机业务的航空公司还专门设有外航值机业务。

图2-14　值机工作现场

值机部门的岗位职责如图2-15所示。

国内/际值机员：
- 为旅客办理乘机手续
- 清点机票，核实航班相关数据
- 负责晚到旅客及候补旅客的接待
- 航班生产中特殊情况及时报告值班主任
- 负责在航班关闭后拍发业务电报
- 航班不正常时协助值班主任做好航班保障工作

图2-15　值机员岗位职责

▶教你几招：我们平时可以在哪里值机呢？

传统柜台值机：在候机楼的值机柜台办理值机手续。

电子客票自助值机：针对电子客票旅客，航空公司在候机楼提供自助值机设备。

酒店值机：针对商务旅客，航空公司将值机服务迁移到酒店。

异地候机楼值机：对于没有机场的城市，可以在当地办理值机手续，在异地机场乘坐飞机。

境外联程值机：将值机服务延伸到境外，旅客在境外一次性办好值机手续就可享受轻松便捷的航空旅行。

网上值机：旅客通过网站在线办理值机，并可预选座位。

城市值机：在城市候机楼办理的登机牌，方便旅客不必一定要到机场才能值机。

（三）机场票务

机场售票（图2-16）是乘机旅客运输工作的关键一环，是航空公司客运营销的主要工作和组织旅客运输的重要环节，是向旅客提供优质服务、满足旅客需求、提高经济效益的重要工作内容。

图2-16　机场售票工作现场

除了在机场售票柜台进行购买外，还可以进行网络购票和电话购买。

随着互联网的发展，网络购票的便利，被越来越多的人所接受。

网上机票预订流程如图2-17所示。

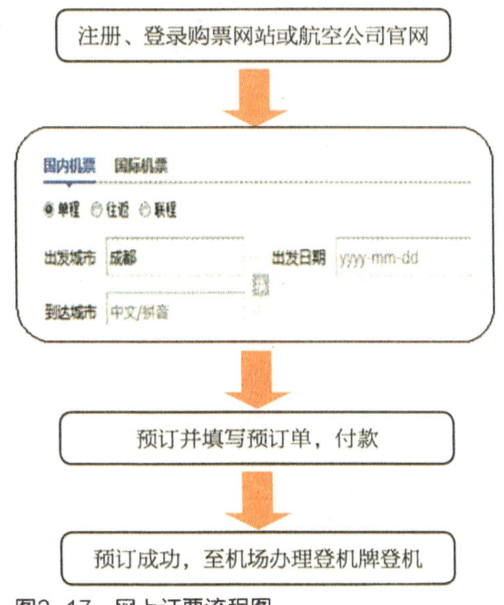

图2-17　网上订票流程图

电话购买机票流程如下：

预订方式：客户可使用电话拨打任意预订飞机票的电话号码。

预订机位：网上/电话。

预付票款：网上/电话。

确认票款：QQ/电话/MSN。

送票上门：公司取/机场取/EMS快递。

图2-18　民航机场候机楼问询柜台正在向旅客提供问询服务

（四）候机楼问询服务

候机楼问询服务是指服务人员根据旅客提出的疑难问题或困难进行解答或帮助。

候机楼问询提供诸如航班信息、机场交通、候机楼设施使用等一揽子问询服务。问询服务根据服务提供方的不同可以分为航空公司问询、机场问询和联合问询，其中联合问询是航空公司与机场共同派出问询服务人员组成联合问询柜台，向旅客提供的最为全面的问询服务。

问询服务根据服务提供方式的不同可以分为现场问询（图2–18）和电话问询。

现场问询是指在问询柜台当面向旅客提供问询服务。电话问询是通过电话方式向打来电话的客人提供各类问询服务，通常电话问询还可以分为人工电话问询和自动语音应答问询。

人工电话问询主要用来解决旅客提出的一些比较复杂或非常见的问题；自动语音应答则由旅客根据自动语音提示进行操作，通常能较好地解决旅客所关心的常见问题，它能大大地节省人力，提高服务效率。

根据服务柜台的设置位置不同，还可以将问询服务分为隔离区外的问询服务和隔离区内的问询服务。

问询服务的岗位职责和要求：

掌握航班动态，耐心、细致地回答现场旅客问询；

负责做好电话问询工作；

负责提供各类温馨服务，并向旅客介绍航空公司和机场服务的内容及特色；

负责做好不正常航班的解释工作；

做好在前台接待各类旅客及相关人员的工作；

完成上级领导安排的其他工作。

▶值机岗位用工要求

（1）专科（含）以上学历。

（2）懂民用航空运输知识、民航法规。

（3）具有良好的职业素养，较强的人际沟通能力。

（4）大学公共英语三级或同等英语水平。

（5）熟练使用各种办公软件。

（6）了解危险品运输知识。

航空运输企业提供问询服务应该达到一定的质量标准，如表2-1所示。

表2-1 问询服务质量标准

二级指标	三级指标	四级指标	五级指标	标准	标准依据	备注
问询服务	问询柜台	设置		位置合理、易见，有柜台指引标志，隔离区内外问询统一规划，与旅客流程衔接顺畅	IGBMHC	
		服务设施		设电信系统、查询系统、与航显系统信息统一、同步		
				在机场开放时间内完好率不低于98%		
		服务规范		接受问询时站立，主动礼貌服务		
				态度热情友善，耐心、准确回答问询内容；有问必答		
				接受多名旅客、顾客同时询问时，按此内作答		
				接听电话，响铃小于3声		
				在离岗间不得使用电话闲聊，不擅自离岗		
		服务技能		及时掌握航班信息动态		
				熟练使用航班信息查询系统		
	其他问询	流动问询		Ⅱ类（含）以上机场提供，主动引导、指引并帮助旅客	IC	
				Ⅱ类以下机场宜提供		
		交通咨询服务自助式查询		宜在行李提取厅区域设置相应设施		
				正确引导旅客选择进出机场交通路线和方式		
				Ⅱ类（含）以上机场宜提供		
		机场外部网站		Ⅱ类（含）以上机场宜提供，为顾客提供准确、及时的服务信息		
				Ⅰ类以下机场宜提供		
		电话问询		Ⅰ类机场提供，宜设置人工或自动语音查询，提供旅客服务热线	GBC	
				Ⅰ类以下机场提供		
		旅客指南		提供相应的中、英文版手册或须知信息		
				视地域及旅客特色，可提供其他语言版本		

资料来源：《民用机场服务质量标准》

图2-19　易登机服务范围展示

（五）易登机服务

易登机服务主要面向中、高端商务旅客，服务内容包括从旅客提出购票到上下飞机全过程的每一个环节。

"易登机"服务作为一种近年新兴的航空个性化服务形式，已经在国内大型枢纽机场广泛推行。据了解，广州白云国际机场最早在国内机场推行"易登机"服务，受到旅客和公司企业的欢迎，并很快发展成为商旅服务品牌，上海、武汉、三亚等地也相继推出该项服务，成为机场服务个性化、品牌化的重要标志。

"易登机"服务人员可为会员代办乘机手续、更换登机牌、代办行李托运、代办保险、代购预订机票、提醒登机，提供多人会议室，提供专用贵宾安检通道、躺卧休息室、休闲厅、传真打字复印、电视节目、报刊、杂志、宽带上网、手机充电、引导安检送至登机口等服务（图2–19）。

图2-20　机场导乘服务人员正在给旅客提供帮助

（六）机场导乘服务

机场导乘服务主要是指在机场候机楼为旅客提供指引、咨询等基础服务。

机场导乘工作职责主要是引导乘机客人办理乘机手续，为乘机客人提供指引、咨询等基础服务（图2–20）。

四、机务维修人员

飞机的维修部门是民航正常运行的重要保障单位，负责保持飞机处于适航和"完好"状态并保证航空器能够安全运行。"适航"意味着航空器符合民航当局的有关适航的标准和规定；"完好"表示航空器保持美观和舒适的内外形象和装修。

一般而言，飞机的维修部门分为两级：

图2-21　维修基地正在进行内厂维修

图2-22　机务维修人员正在进行外场维修

一级是维修基地：进行内厂维修。维修基地是一个维修工厂，它具备大型维修工具和机器以及维修厂房，负责飞机的定期维修、大修，拆换大型部件和改装（图2–21）。

二级是航线维修也称为外场维修：飞机一般不进入车间，在航线上对运行的飞机进行维护保养和修理，这类航线维护包括航行前、航行后和过站维护（图2–22）。

小型航空公司可以没有自己的维修基地，把高级的定检和修理工作委托给专门的维修公司或大航空公司维修基地完成。

（一）航线维护

航线维护也称为低级维修，包括航行前维护，执行飞行任务前的维护工作（图2–23）。

图2-23　航线维护正在紧张进行

▶航线维护岗位用工要求

（1）可以登高、在狭窄区域内工作，可举起约20公斤重物，适应任何倒班要求。

（2）航空维修专业专科以上学历。

（3）专科学历英语要求达到英语三级以上水平，本科学历英语要求达到大学英语4级或同等英语水平，熟练的英语读写听说能力。

（4）具有发现问题并解决问题的能力。

（5）要求具备优秀的沟通和分析能力。

（二）过站维护

每次执行完一个飞行任务后，并准备再次投入下一个飞行任务前，在机场短暂停留期间进行的维护工作。

图2-24　机务维修工作人员正在进行过站维护

过站维护主要是检查飞机外观和飞机的技术状态，调节有关参数，排除故障，添加各类工作介质（如润滑油、轮胎充气等），在符合安全标准的前提下，也可保留无法消除但对安全不构成影响的故障，能确保飞机执行下一个飞行任务（图2-24）。

（三）航行后维护

航行后维护也叫过夜检查。是每天执行飞行任务后的维护工作，一般在飞机所在基地完成，并做飞机内外的清洁工作（图2-25）。

图2-25　机务维修人员正在进行航行后维护

（四）特种维护

由于某种特殊原因而进行的维修，也把这类维修归到航线维修或定期维修。

这类维修一般包括：经过雷击、重着陆或颠簸飞行后对某些设备、飞机结构的特定部位进行的特别检查和修理；受外来物撞击、碰伤后的修理；发现飞机某部位不正常腐蚀后的除锈，防腐处理应按适航部门或制造厂家的要求对飞机进行加、改装工作；两次D检中加做的中检，进行客舱翻新。

▶特种维护、定期维护岗位用工基本要求

（1）持有CAAC维修人员执照。

（2）熟悉相关民航政策法规和工程技术管理。

（3）工程技术文件的文字处理能力。

（4）较好的逻辑思维和分析能力。

（五）定期维护

定期维修维护也称为高级维修。飞机、发动机和机载设备在经过一段时间的飞行（飞行周期）后，可能发生磨损、松动、腐蚀等现象，飞机各系统使用的工作介质，如液压油、润滑油等也可能变质和短缺，需要进行更换或添加，所以经过一段时间的飞行后，就必须进行相关的检查和修理，并对飞机各系统进行检查和测试，发现和排除存在的故障和缺陷，使飞机恢复到原有的可靠性，以完成下一个飞行周期的任务（图2–26）。

图2–26　机务维修人员正在做飞机起落架腐蚀故障的排除工作

▶飞机飞行周期的划分方法

目前，飞行周期的划分有两种方法：

俄罗斯飞机的定检周期：一般按每50小时、100小时、200小时、1000小时、2000小时……来划分的，我国国产飞机、发动机和机载设备一般也是按此方法划分定检周期。

欧美飞机的定检周期：一般按飞行小时或起落架次分为A、B、C、D检等级别。一般来说4A=B，4B=C，8C=D。各类检查的飞行间隔时间主要因机型而定。

定检时飞机停场，按规定检查或更换一些部件。

D检，又叫大修、翻修，是飞机长期运行后的全面检修，必须在维修基地的车间内进行，飞机停场时间在10天以上。D检是最高级别的检修，对飞机的各个系统进行全面检查和装修。由于D检间隔一般超过1万飞行小时，很多飞机会在D检中进行改装或更换结构和大部件。理论上，经过D检的飞机将完全恢复到飞机原有的可靠性，飞机飞行将从“0”开始重新统计。

A检无须专门的飞行日来作停场维修，利用每日飞行任务完成后的航行后检查时间来进行此项工作，对于同一机型A检的飞行间隔时间也不一定是固定的，飞机运营者、航空公司维修部门根据飞机的实际运行状况、维修经验的积累等进行相应调整，适当延长以减少不必要的维修费用。

在实际运作中，飞机运营者、航空公司维修部门往往取消B检，把B检的项目调整到A检或C检工作中，以减少不必要的停场维修时间。

如国内波音737一般规定A检为200小时，没有B检，C检为3200小时。

第二节
“Kiss无缝对接”

民航服务业是令人羡慕的职业，走上高度职业化的民航岗位是每一个民航专业院校学生梦寐以求的愿望。如何才能让自己的学习、培训、修为达到民航岗位用工标准，只有“Kiss无缝对接”。

一、“无缝对接”制胜法宝之五项基本能力

（一）强健体魄、服从军事化标准化管理

“世界上最优秀的管理在军队”，这句名言已被全球许多品牌企业所认可和借鉴，并将半军事化管理引入企业之中。民航业的军事化管理尤为突出；民航职业院校更是把军事化标准化管理放在了突出的地位。只有服从军事化标准化管理，“魔鬼式”地训练自己的军风、军纪、军貌、军魂、军体的学生，才有可能成长为高度职业化的民航员工（图2–27）。

（二）全面发展、提高个人综合素质

道德文化素质：主要指我们的政治方向，包括政治观、人生观、价值观等。道德品质包括真诚、勤奋、有责任感等；人文社科知识包括历史知识、社会知识、文学底蕴、公关交际知识等。

图2–27 强健体魄 塑造军魂

图2-28 拥有跨岗作业能力的“多面手”最抢手

图2-29 拥有良好理财能力的我们充满活力

专业素质：主要是指我们的本学科、本专业知识、专业理论、专业技能以及自我学习能力、创新能力等。

心理素质：主要指我们应有健康的心理状态，如承受挫折、失败的能力，积极乐观的人生态度。

身体素质：主要指我们应有健康的体魄，良好的生活习惯等。

（三）一专多能、培养跨岗作业能力

细化、交叉、融合已经成为现代科学技术的显著特征。面对分工很细的工艺流程，如何让自己一专多能，具有较强的跨岗作业能力，已经成为现代大学生的必修课（图2-28）。

（四）精打细算、提升理财能力

人生需要理财。理财需要知识，理财需要规划。认识货币职能、学会掌管钱财、体验挣钱辛苦、品味理财乐趣，这是每一个成功人士必需的修炼（图2-29）。

（五）注重礼仪、突出民航服务职业形象

民航服务业是高端的、注重礼仪的、讲求品味的职业。现代绅士、淑女般的员工特别受欢迎（图2-30）。

图2-30 外塑形象，内强素质

二、“无缝对接”制胜法宝之“九自”理论

（一）自省

学会剖析自我、学会判断对错、学会总结得失、学会描述未来，这就是自省（图2–31）。

（二）自修

《礼记 · 大学》：“如琢如磨者，自修也”，即修炼生存能力、修炼竞争能力、修炼进取能力、修炼理财能力、修炼道德品行（图2–32）。

（三）自给

自我寻求、自我创造、自给自足。不依赖别人而生存，不原地踏步而发展（图2–33）。

（四）自乐

自得其乐，让自己保持乐观、阳光、上进、洒脱、不恐惧、不焦躁、不愤怒、不惶恐（图2–34）。

（五）自信

自信就是相信自己。相信自己的能力、相信自己的选择、相信自己的奋斗、相信自己的前途（图2–35）。

图2–31　见贤思齐焉，见不贤而内自省也

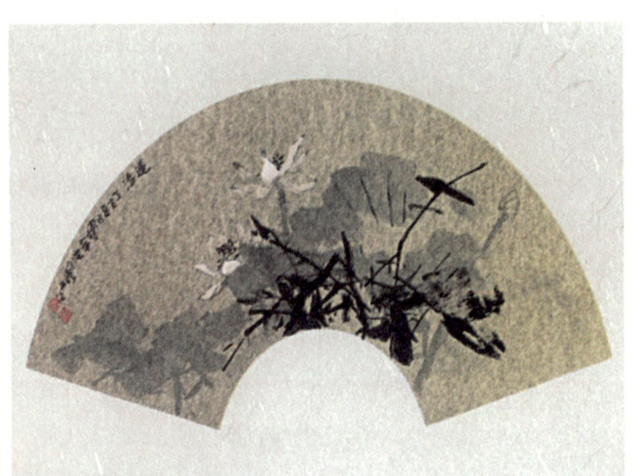

图2-32　如琢如磨者，自修也

图2-33　自我创造、自给自足

图2-34　怡然自乐

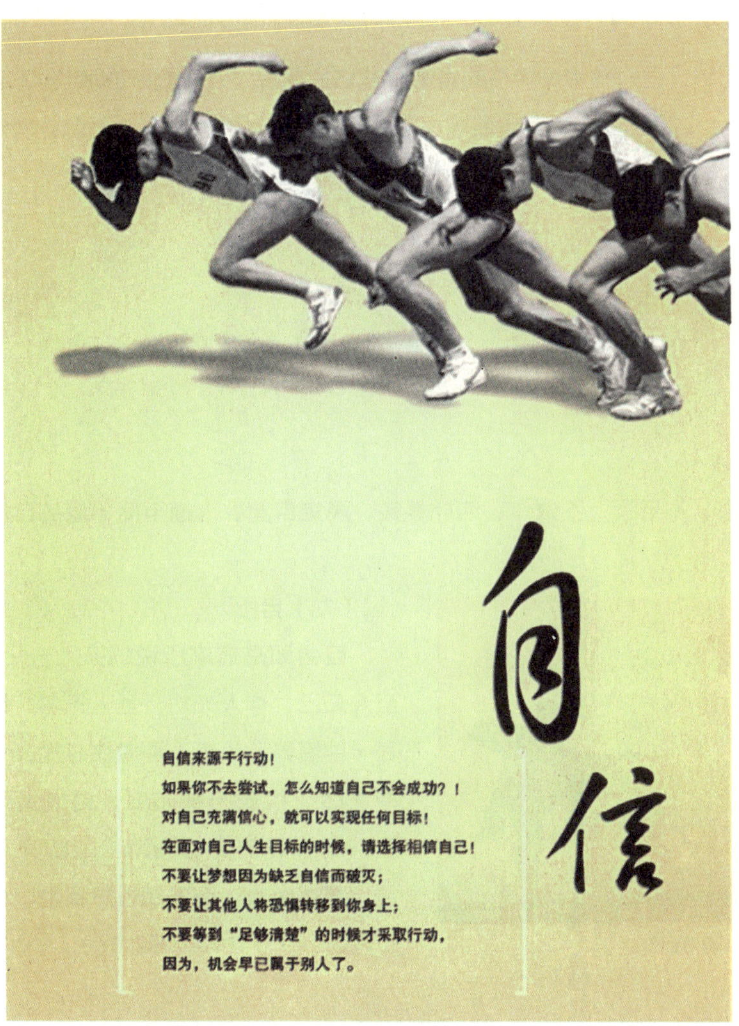

图2-35　自信来源于行动

（六）自立

自立即独立。它是一个成长的过程，独立思考、独立工作、独立生活是一个人成熟的标志。唯有自立，才能赢得尊严和权力，一个国家是如此，一个民族是如此，一个人也是如此（图2-36）。

图2-36　“啃老族”要自立

（七）自持

自持即自我克制，是人性中最崇高的美德。苏格拉底说过：“谁想转动世界，必须首先转动他自己。”自我把持、自我维持、自我坚持，不以物喜、不以己悲；内外兼修，拒绝浮躁。

> 谁要是注重自身的变革，他就有可能变革世界。
>
> ——史蒂夫·乔布斯（Steve Jobs）

（八）自然

自然指不拘束、不呆板、不做作、纯朴真实、淡定自若、大道至简，道法自然（图2–37）。

图2–37 大道至简，道法自然

（九）自由

自由即是道家所说的天人合一，至人无己，神人无功，圣人无名，代表一种境界、代表一种向往，代表一种生活、代表一种态度。是性情释然，思想开放、心胸博大、虚怀若谷，落落大方，而不是思想狭隘、小肚鸡肠、斤斤计较（图2–38）。

图2–38 做一个享受民航事业的人

一、请你思考

（1）民航服务业的主要岗位及其职责是什么？

（2）空中乘务员的服务主要有哪些内容呢？

（3）飞机的维修部门分为哪两级？

二、案例分析

2013年5月17日08:13左右，××机场货站安检员在国内出港X射线机执行航班任务时，在一件航空快件中发现可疑图像，马上联系货运代理公司，要求陪同进行开包检查，经开包检查发现竟然在一双白色运动鞋内隐藏一包白色粉末，最后移交机场公安机关处理 。

据了解，不法分子藏匿毒品的方式越来越隐蔽，手法也越来越狡猾，藏匿方式花样繁多，无奇不有。虽然手段非常多样化，但最终也逃不过我们安检员的火眼金睛。

根据以上案例，请回答：

（1）旅检X射线机操作检查员和开箱包检查员的岗位职责是什么？

（2）旅检人身检查员在遇到类似事情的时候，应该如何处理？

三、行动建议

结合学习培训实际，充分理解“无缝对接”的深刻含义，并阐述我们应如何在学习和工作中践行“九自”理论，从而掌握五项基本能力。

第三章

应聘面试的准备

引言

近年来，民航业对人才的选拔越来越严格，尤其是一些国有企业更是注重员工的综合素质。民航应聘面试形式多样、标准提高，大多采用多轮面试、多人面试、多样面试。应聘冲关的难度越来越大，如何才能以最佳的状态进入面试，面试前的充分准备十分重要。

第一节
面试前夕　你的心理状态准备好了吗？

在面试现场，很多同学回答问题时或是唯唯诺诺，或是声若蚊蝇，这都是紧张、不自信的表现。我们的心理素质会影响到在面试时的行为表现，心理素质好的同学能在面试过程中正常甚至超常发挥，而心理素质不好的同学往往会把面试搞砸，痛失就业良机。从用人单位的角度讲，良好的心理状态也是每个员工应具备的必要素质。所以在面试过程中，我们必须拥有过硬的心理素质，这样既有利于顺利通过面试，也对日后胜任工作很有帮助（图3-1、图3-2）。

图3-1　必胜、必胜、必胜！！！

图 3-2　时刻准备着

一、心灵SPA

不少的应聘者面试前都会心理紧张，有的甚至会出现过度焦虑现象。我们应该有意识地加以控制，放松心情，尽量使自己处于心平气和、情绪饱满的状态。临战前，我们可以有意识地做一些放松心情的训练（图3-3 ~ 图3-7）。

图 3-3　听听轻松的音乐

图3-4　通过运动放松

图3-5　通过想象放松

图3-6　通过鼓励放松

图 3-7　通过呼吸放松

二、战胜不良心态

迎合、羞怯、自傲、自卑、轻视、侥幸、恐惧等心理都会让你在面试时表现出紧张和焦虑的情绪。在生理上，普遍表现为身体僵直、不自然、四肢发抖、心跳加快、手心冒汗、眼神游离等症状；在心理上反映出担心自己不能应变，发挥不好，被人嘲笑，甚至失败，以至于主动逃避。很多学生在校期间平常虽然优秀，但在面试场上被淘汰的例子比比皆是，大多是心理状态不好败下阵来。

（一）迎合心理

迎合心理，也称逢迎心理。具有较强逢迎心理的同学在面试中常常会不失时机地向主考官恭维几句，在回答问题时往往去捕捉主考官的神情，甚至弦外之音，希

图3-8　迎合心理

望以此来博得主考官的好评。事实上这种做法往往适得其反，非但不能得到考官的“恩宠”，而且还会降低他们对应考者真实素质的基本评价（图3–8）。

（二）羞怯心理

在羞怯心理的支配下，由于心情紧张的缘故，面部表情和举手投足都极不自然，应聘面试时很难发挥出自我的真实水平。有较强社交能力的同学或者学生干部，他们在面试时普遍表现出自信、自然、大方，不因为羞怯而乱了方寸（图3–9）。

图3-9　羞怯心理

（三）自傲心理

民航服务岗位非常重视个人的团队协作精神，凡有孤高自傲的人往往都会落选，因为具有自傲心理的人往往表现出盲目自信，在和面试官交流的时候，那种高高在上的举止言行，自以为了不起的神态会引起面试官的反感，让对方感觉不适合从事服务型工作。在日常的工作和交往中不喜欢也不愿意接受别人的意见和帮助，难与他人密切合作，有的甚至产生非常幼稚的隔阂和矛盾（图 3–10）。

图 3-10　自傲心理

（四）自卑心理

自卑感较强的人一般都无法顺利地通过面试这一关。在面试过程中，这类同学往往会自怜自爱地将自己与别人在多方面进行对比，尤其是习惯于拿自己的短处同对方的长处比，因而越比就越没信心，自卑感也就越强（图3–11）。

图3-11　自卑心理

（五）轻视心理

这类同学把面试当成一个“撞大运”的机会，行不行，走着瞧，也许大家一下子看中我了呢，也许这次来的面试官就喜欢我这号人呢。于是在面试时，表现出一种大大咧咧、满不在乎的神态。回答任何问题都不够正经，马马虎虎，既不认真推销自己，把个人应聘的优越条件讲全、讲透，也不认真了解对方的需求，好让自己适应对方的口味。这种无所谓、碰运气的侥幸心态，很难使面试获得成功的（图 3–12）。

（六）侥幸心理

面试的问题带有较大的偶然性，我们有些同学总是寄希望于侥幸取胜，或希望抽到好题，或寄希望于面试官的网开一面等。心存侥幸的应考者在面试前一般不做太充分的应考准备，却常常是只作一些猜题押宝工作，聊以自慰。这显然是很难获得好成绩的（图3–13）。

（七）恐惧心理

有的同学尽管准备很充分，但是在面试前几天还是存在紧张和害怕，特别是进入面试场后不敢正视面试官，有的甚至会全身发抖、语言表达吞吞吐吐、词不达意，甚至颠三倒四。还有一部分同学是因为之前应聘面试时失败了，心里存在阴影，有逃避现实、恐惧面试的心理存在（图3–14）。

以上提到的几种现象都是不正常的心理状态表现，在面试时要杜绝或克服。克服不良面试心理有如下几种方法：

端正认识。面试者应该把面试看作是对自我的全面检测，面试的一次成败不会定终身，有志者事竟成，应该有愈战愈勇的精神状态。

自我评价。正确评价自己是走向成功的必要条件。面试的过程中既要充分认识自己的优势，更要客观地认识自己的不足。面试时扬长避短，既不要盲目自卑，也不要妄自尊大。

模拟面试。在参加班级和就业处组织的模拟面试时，要充分准备、保持临战状态，把角色表现得淋漓尽致，认真听取老师对自己的点评，注意分析和纠错，总结模拟经验。

图 3–12　轻视心理

图 3–13　犹如酒后驾车的侥幸心理

图 3–14　恐惧心理

某大型机场在某航空学院招聘航空服务专业学生，李××参加了面试，可是第一关就被淘汰下来。原因是李××在面试中十分害羞，回答问题时面红耳赤，面试前辛辛苦苦准备的“台词”也忘得一干二净……

案例分析：李××存在“羞怯心理”，存在这种心理的同学，往往会出现手足无措的现象，言谈举止都显得紧张失常，从而影响正常的面试。“羞怯心理”是一种不良的心境，会导致事倍功半甚至事与愿违的结果。

三、以最佳状态迎接挑战

面试前我们最常出现的就是焦虑，它要来便来，绝不会因人欲摆脱它的心理愿望而消失。这种生理层面的焦虑，会让人越想摆脱，反而变得越焦虑，唯一办法便是自己心里暗示自己“由它去吧”。一旦你不再把注意力集中在你的焦虑上，焦虑状态便会自然而然地“要去便去”了。

知识链接

▶做好面试前的七项心理准备

（1）请同学或老师充当面试官，进行模拟面试，找出自己面试中可能存在的问题与不足。

（2）面试时提前到场，熟悉面试环境，安静休息并放松自己，保证良好的面试状态。

（3）降低自己的期望值，不要将面试的得失看得太重，把每一次面试都看做是经验的积累。

（4）进入面试场前，认真做几次深呼吸，会使心情平静很多，也能增加面试时的勇气和信心。

（5）向面试人员说出自己的紧张，对方也许能帮助你放松，也可以通过自嘲的方式缓解紧张情绪。

（6）不着急回答问题，可先考虑几秒钟，在脑子里整理出清晰的答题思路，以免回答时因思路不清造成紧张。

（7）面带微笑，抬头注视面试人员，用亲切的眼神与对方交流，这样会让你紧张的情绪逐渐稳定下来。

小贴士▼

积极的自我暗示

积极的自我暗示也会对求职者的面试表现产生重要影响。心理学家指出，用积极的信息如“我是最棒的”、“我与众不同”、“我能、我行、我成功”等来增强自信，会激发个体做出更大的成就。所以，面试者要善于进行积极的自我暗示，“我是最适合这份工作的”、这个职位非我莫属”等自我暗示会让你在面试中有出乎意料的表现。

（一）积极进取的心态

我们要有积极进取的心态，总是认真对待每一次面试机会，也要非常珍惜每一次面试机会，要把每次面试机会当做自己人生的转折点，认为每次面试机会都是新的成功在向自己招手。我们都要在面试前做好一切的充分准备（图3–15）。

（二）双向选择的心态

我们去参加面试，并不是命运都掌握在考官手里，成败往往在于自己。的确，从用人单位来看，我们是在接受考核，看我们的条件是否符合招聘的要求。换个角度来看，一方面用人单位和面试官在考核我们；另一方面我们也在考核用人单位和面试官。例如，用人单位的工作岗位适合我吗？薪酬待遇对我有吸引力吗？公司品牌值得我自豪吗？……双向选择，你考察我，我也考察你。有了这种心态，我们在精神上就占了上风（但不是趾高气扬）。以沉着、稳健的状态面对主考官那一连串的问题，自然能表现出一种不卑不亢的态度（图 3–16）。

图3–15　积极进取的心态

（三）输得起的心态

面试时如果有了不怕挫折、不怕失败，本人输得起的心态，那就会大大增强我们的信心，讲起话来有板有眼、理直气壮地介绍自己，就是遇到比自己强的竞争者，我们也不会自惭形秽，而是抱着一种“一山还比一山高”、“我也要成为他那样的人”的积极心

图 3–16　航空学院双选会现场

态来对待（图3-17）。

总之，经不起挫折，输不起的人才是真正的失败者。胜败乃兵家常事，这次不成功还有下一次机会；这家航空公司没应聘上，还有下一个公司在等着我。有了这种输得起的心态准备，你就会一试再试，终会找到称心的工作。

图3-17 输得起的心态

▶以平常心做人 以进取心做事

每个人都曾经有过美好的梦想和远大的抱负，每个人都想成为能够一展才华的卧龙凤雏。湖北广播电视大学刘新春副教授的新书《以平常心做人 以进取心做事》告诉我们：以平常心做人，以进取心做事。这既是做人与做事的标准，也是做人与做事的诀窍。

谁失去了一颗做人的平常心，就会倍感世路难行，人情似纸，命运坎坷，以至于失去了享受生活乐趣、体验工作成功中的那种恬适与快乐的心情；谁失去了一颗做事的进取心，就会发出借酒浇愁愁更愁、怀才不遇的感慨，以至于沉溺于现状，不能发挥出自己的聪明才干，而与成功的机遇擦肩而过，沦为平庸。

做人要有平常心，要有一种超然的态度，无论工作还是生活都不能心浮气躁、随波逐流、急功近利，能够始终保持一种持之以恒、力学笃行，认真做事、本分做人的平静心态；做事要有进取心，就是要做到在其位、谋其政、有其职、负其责，无论是工作还是生活都不能碌碌无为、固守现状、甘于平庸，而应保持一种见贤思齐、知难而进、奋发向上的积极心态。

第二节
最美的主角就是你

面试时的第一印象尤其深刻，应聘者的服饰、发型、妆容、微笑、语言无不综合反映出你的素质将给考官留下何等印象，且直接决定应聘面试的成败。

在应聘航空服务岗位的面试中，第一关大多数是职业形象的展示，如果我们没有给面试官留下良好的第一印象，就有可能进不了复试，哪怕我们的综合素质（如外语能力、语言艺术、才艺表演等）再优秀，也没有机会给面试官们展示了（图3–18）。

视觉产生的效应是最直接的、最清晰的、最快捷的。所以，要想赢得面试的成功，首先就要学会设计、塑造良好的职业形象。

图3-18　职业形象展示

一、面部妆容的作用及要求

成功的妆容能唤起女性心理和生理上的潜在活力，增强自信心，使人精神焕发，还有助于消除疲劳，延缓衰老。人的面部是一个人的“门面”，任何时候，面部都是最容易受到关注的地方。面试官先从我们的面部来了解，因此我们必须对自己的面部妆饰高度重视（图3–19）。

图3-19　航空面试面部妆容

（一）面部妆容对面试的作用

1. 修饰容貌的作用

修饰面部能掩饰缺陷、调整肤色、增强立体感，从而达到美容的目的，能表现出女性独有的天然丽质、焕发风韵、增添魅力。特别是在面试过程中，一个成功的面部妆容能帮助我们取得面试官的好感与信任。

2. 增加自信的作用

杏眼黑邃，朱唇描红，面若桃花……化妆对女性而言不仅是一种生活乐趣，更是她们增加魅力提升自信的必备手段。化妆不仅带来外表上的容光焕发，更带给女性一种心理上的自我鼓舞和积极的心理暗示。每天都保持化妆的习惯，使自己更加漂亮，这应该成为职业女性的习惯。

3. 增加印象分的作用

我们注重面部修饰，给面试官留下好的感觉，面试官会认为我们非常重视这次面试机会，是提前做了充分的准备工作，这样可以增加自己的印象分。

（二）面试妆容的基本要求

看起来干净、利落、和善、有自信的人，是大多数民航招聘考官们中意的类型。因此，除了谈吐、礼仪和服装仪容之外，给自己化一个爽洁、大方又清新的淡妆，而浓墨重彩是大忌。

清新淡妆：对于航空服务岗位面试，我们不妨保持本色、淡妆出场（图3–20）。彩妆颜色应该以淡色系为主，那些红色、绿色、蓝色等正色系列，太过抢眼。

朝气暖色调：面试妆应以“精神、朝气”为重点，亲切的粉红色、橘色等暖色调，无论使用在腮红、眼影、唇膏上都相当出色，亲切可人（图3–21）。在化妆品的材质上，注意避免使用过于凸显个人特色的深色系、雾面的粉质、流行的亮粉粉质。

图3–20 清新淡妆

图3–21 朝气暖色调

小贴士

快速化妆法

最好购买一支品牌的BB霜，再用粉饼定妆。如果皮肤比较好，用散粉比粉饼看上去更轻薄些。如果天气太热的话，出汗比较多，最好不用散粉，太容易花妆。皮肤白皙者使用粉色系给人甜美的感觉。另外橘色（橙色）腮红对初学者来说比较容易，即使手一下画重了，用多了，也不会显得很夸张，而且给人很健康的肤色。再者是眼影，面试用米色系比较好。画眼线对初学者可能会有点难度，沿根部轻描就好，新手最好使用眼线膏，上手快。睫毛膏轻轻地刷上一层就好，看上去像自己的睫毛，会给人感觉更好。然后是眉粉，眉毛如果本身有眉形，而且不稀疏的话，眉粉是最好不过的了，但是眉毛稀疏者，用眉笔吧。最后点上唇彩，就OK了。

二、这些年我们一起追过的发型

一个人的气质与魅力是“从头开始”的，一个人的面貌呈现在别人面前时，首先注意到的是头部，一个漂亮的发型能给人留下深刻而美好的第一印象。通过发型有时候甚至能判断出一个人的生活状况、卫生习惯、工作的态度乃至人格品位。

大方、整洁、利索是我们发型的基本要求。要适合自己的脸型、气质，不染色彩，不留潮流发型，不留奇特发型。

女生不能留披肩长发，要用网兜固定头发，头发不能遮住脸部，刘海留直发或卷发，但必须在眉毛以上，留短发者其两侧的短发勿遮住脸颊。网兜位置在后脑偏上，不要在偏下的位置，否则显得老气。总之，头发不可以松散，不可以发丝轻舞（图3–22）。

男生发型以整齐、精神为主，鬓角不能超过耳尖，背面头发不能接触到衣服后领，不能留长发、不能烫发、不能染发，不能留光头（图3–23）。

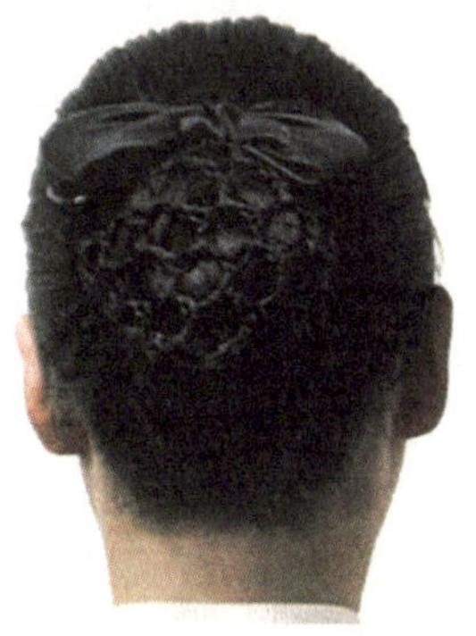

图 3–22 航空学院女生标准发型

图3–23 航空学院男生发型

▶体型与发型

发型与体型有着密切的关系，发型处理得好，对体型能起到扬长避短的作用，反之就会夸大形体缺点，破坏人的整体美。具体说各种体型发型原则为：

（1）高瘦型。该种体型的人容易给人细长、单薄、头部小的感觉。要弥补这些不足，发型要求生动饱满，避免将头发梳得紧贴头皮，或将头发搞得过分蓬松，造成头重脚轻。一般来说，高瘦身材的人比较适宜于留长发、直发。应避免将头发削剪得太短薄，或高盘于头顶上。头发长至下巴与锁骨之间较理想，且要使头发显得厚实、有分量。

（2）矮小型。个子矮小的人给人一种小巧玲珑的感觉，在发型选择上要与此特点相适应。发型应以秀气、精致为主，避免粗犷、蓬松，否则会使头部与整个形体的比例失调，给人产生大头小身体的感觉。身材矮小者也不适宜留长发，因为长发会使头显得大，破坏人体比例的协调。烫发时应将花式、块面做得小巧、精致一些。若盘头还会带来身材增高的感觉。

（3）高大型。该体型给人一种力量美，但对女性来说，缺少苗条、纤细的美感。为适当减弱这种高大感，发式上应以大方、简洁为好。一般以直发为好，或者是大波浪卷发。头发不要太蓬松。总的原则是简洁、明快，线条流畅。

（4）矮胖型。矮胖者显得健康，要利用这一点造成一种有生气的健康美，如选择运动式发型。此外应考虑弥补缺陷。矮胖者一般脖子显短，因此不要留披肩长发，尽可能让头发向高度发展，显露脖子以增加身体高度感。头发应避免过于蓬松或过宽。

三、佛靠金装、人靠衣装

（一）面试着装原则

航空服务岗位面试时穿什么样的服装及怎么搭配一直是我们关心的话题。虽然得体的着装并不能决定我们是否被录用，但它能传递出我们的精神状态和文化素养，能展现我们良好的职业形象和重视面试的态度，能使我们在面试中给用人单位留下良好的第一印象。另外得体的着装也会使我们自我感觉良好，对自己充满自信，有助于在面试中发挥出自己的最佳水平。

我们着职业装能体现仪表美，除了整齐、整洁、完好，还应该同时兼顾以下原则：

1. 体现行业风格

面试民航服务岗位时，男生以深色西服、白衬衣、领带为主，女生以职业套装、套裙为主（图 3-24）。有的同学为了表现出前卫，穿较时髦的服装，这是一个极大的误区。

图 3-24　航空学院学生制服

2. 三色原则

图 3-25 职业装的三色原则

上衣、裤子、领带、衬衫、鞋袜、提包等全身的服饰加起来不超过三种颜色系列；领带的颜色尽量和西服的颜色保持一致；男士的腰带、皮鞋颜色尽量相同，首选黑色（图 3-25）。

3. 合身原则

我们参加面试要着符合自己身材和身份的服装，服装必须要合身，袖长至手腕，裤长至脚面，裙长过膝盖，尤其是内衣不能外露。衬衫的围领以插入一指大小为宜。裙裤的腰围以插入五指为宜（图 3-26）。

图 3-26 女生遵守合身、干净、平整的着装原则

4. 干净原则

面试的服装必须保持干净，不能有油渍和汗渍，否则面试官会怀疑你的生活态度，甚至怀疑你的工作态度（图3-26）。

5. 平整原则

面试前要把面试穿的衣服熨烫平整，要做到上衣平整、裤线笔挺。平时不穿的时候最好用衣架挂好（图3-26）。

▶面试着装禁忌

职场竞争激烈，应聘面试，衣着装扮可不容马虎。穿上合宜的“面试装”，可让自己在应对进退之间更有信心。

禁忌一：脏污和皱褶、破旧、皱得像酸菜干的服装。也许很“酷”，但绝对不适合穿去面试，如此装扮会让人觉得你个性吊儿郎当，没有诚意。此外，时下流行仿脏污、故意抓皱褶的前卫风服装，也不适合。

禁忌二：太过性感或裸露。你的身材可能非常性感火辣，但在面试时，最好还是包紧一点，以免火辣的身材，蒙蔽了面试官的眼睛，只看见你的身材，没看到你的才华。

禁忌三：浑身名牌参加面试，衣着装扮的确要花钱打点，但不代表就得要浑身名牌。浑身名牌，常会给人“追风”、“虚华”“败家”、“个性娇纵”、“不肯吃苦耐劳”的负面印象，就算是应征精品业的工作，也不必如此。不过，拎一只材质好一点的名牌包，是被许可的，但最好品牌的Logo不要太明显。

禁忌四：衣装可爱或者太花哨。虽然你无法忍受一成不变，特爱“与众不同”，疯狂迷恋粉红色系的娃娃装……还是忍下来为好，因为这场面试将决定你走向社会的第一份职业，暂时把内心里的“粉红狂”收起来，把身上的粉红娃娃、缤纷花朵、绒毛玩具、公主发夹一一取下，乖乖去面试吧！

禁忌五：不化妆或过度浓妆艳抹。也许你是自然主义者，不爱化妆，但面试时，最好还是上点妆，适当遮住黑斑、雀斑和黑眼圈之类，让自己的气色好一点。不过浓妆艳抹也不合适，会让你显得太过俗气。

（二）着职业装要求

1. 男生着职业装

（1）西服。建议颜色以黑色或藏青色为宜，最好是纯色，不要有条纹、格子等。款式选择经典的西服套装，不要过于前卫。西服的面料最好选择不缩水的毛料套装。不管什么西服，在穿之前一定要检查是否有褶皱，如果有，必须烫平整。

现在的西服一般都是单排三粒扣的，正式场合的穿法一般是扣上面两粒扣子，第三粒不扣。西裤的长度以盖住半个鞋跟为宜，过短显得不协调，过长显得邋遢（图3–27）。

（2）衬衫。建议选用面料比较挺的白色或淡蓝色长袖衬衫，通常手臂自然下垂时衬衣口要被西装袖口刚好包住，弯曲时才长出1厘米，这样能体现层次感。手臂在身体侧面抬起并伸直衬衫袖口在手掌根部，西服袖口刚好遮住衬衫的袖口扣子（图3–28）。

（3）领带。正式的着装规范中，着西服的时候，必须打上领带。领带应选择挺括的面料，颜色选择黑、紫、蓝等冷色调，应与西服和衬衫的颜色协调。如果有图案，图案的颜色要符合三色原则。领带的长短，以刚刚超过腰际皮带为好（图3–28）。

（4）皮带。皮带的颜色以黑色为最好，皮带头不宜过大、过亮，也不要有很多的花纹和图案（图 3–29）。

（5）袜子。袜子的颜色建议以深色为好，且不要有明显的图案、花纹，不要穿白袜子。因为白袜子配黑鞋子是很不专业的。另外，也不应该穿透明的丝袜，同时还要注意袜子不宜过短，以避免坐下时露出小腿（图 3–30）。

（6）皮鞋。颜色建议选黑色，这与白衬衣、深色西装一样属于最稳重、保险

图3-27　男生着职业西服

图3-28　男生着长袖衬衫

图 3-29 男生制式皮带

的色调。要注意经常擦鞋，保持鞋面的清洁光亮（图3-30）。

（7）配饰。不要佩戴耳环、项链、手链、手镯等饰品，可以戴手表。

2. 女生职业套装

款式宜选择类似民航服务职业装，一套剪裁合体的职业装和一件配色的衬衣。如果是裙装，裙子长度不宜太短，以到膝盖或膝盖以下为宜（图3-31）。

图 3-30　男生袜子、皮鞋规范穿法

（1）衬衫。通常选用白色衬衫，也可以选用一些跳跃的小圆点为图案的衬衫。

（2）丝巾。丝巾飘逸清秀能烘托出女性的娇巧与明艳，但选择丝巾时一定要注意与衣服的协调搭配，如花色丝巾可搭配素色衣服，而素色丝巾适合搭配艳丽的服装（图3-32）。

（3）鞋子。建议穿高度为5厘米左右的跟鞋，船鞋比较适合搭配女士职业装。露出脚趾和脚后跟的凉鞋并不适合面试场合。没有后帮的鞋子也只能在非正式场合穿。任何有亮片或装饰的鞋子都不适合面试场合，这类鞋子只适合非正式的社交场合。

（4）袜子。穿裙装时着长筒袜，不仅是礼仪的需要，而且还能掩饰腿部的缺陷，增加腿部的美感。肉色的丝袜可以搭配任何服装。穿深色套装时也可以搭配深灰色丝袜，但切忌搭配渔网、暗花之类过于性感的丝袜。

穿丝袜时，袜子口不能露在裙子外面，切忌穿裙子时搭配短丝袜。穿一双明显跳纱破损丝袜，或者松松垮垮地套在腿上是不雅和失礼的（图3-33）。

图3-31　女生着标准职业套装

图 3-32　女生系丝巾

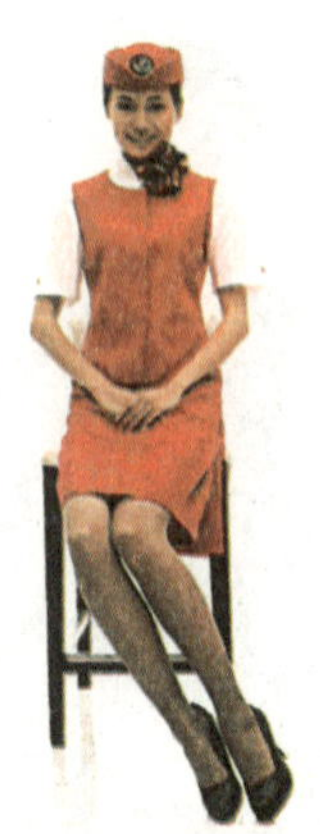

图3-33　女生着标准制服、正装皮鞋

▶着装色彩搭配

服装色彩是服装感观的第一印象，而且能决定服装穿着的成败。每个人的肤色都有一个基调，有的颜色与某些基调十分合衬，有的却会受影响，变得暗淡无光，要找出适合自己的颜色，首先要辨认自己肤色的基调。面试者的肤色各有不同，在选择面试服装色彩时，应配合自己的肤色基调进行搭配。肤色基调可分为四种。

（1）白皙皮肤：白皙皮肤的特质在于面颊经太阳一晒便容易发红，拥有这类型皮肤的女性是幸运儿，因为大部分颜色都能令白皙的皮肤更亮丽动人，色系当中尤以黄色系与蓝色系最能突出洁白的皮肤，令整体显得明艳照人，色调如淡橙红、柠檬黄、苹果绿、紫红、天蓝等明亮色彩最适合不过。

（2）深褐色皮肤：皮肤色调较深的人适合一些茶褐色系，令你看来更有个性。墨绿、枣红、咖啡色、金黄色都会使你看来自然高雅，相反蓝色系则与你格格不入，最好别穿蓝色系的上衣。

（3）淡黄或偏黄皮肤：皮肤偏黄的宜穿蓝色调服装，例如酒红、淡紫、紫蓝等色彩，能令面容更白皙，但强烈的黄色系如褐色、橘红等最好能不穿则不穿，以免令面色显得更加暗黄无光彩。

（4）健康小麦色：拥有这种肌肤色调的女性给人健康活泼的感觉，黑白强烈对比的搭配与她们出奇地合衬，深蓝、炭灰等沉实的色调，以及桃红、深红、翠绿这些鲜艳色彩最能突出开朗的个性。

第三节
不打无准备之仗

在面试前除了要在心理上、职业形象上做好充分准备之外，我们还应该做到知己知彼，百战不殆。为此，我们还应该了解招聘单位的基本情况、岗位职责、面试基本流程以及可能需要回答的问题；有必要针对用人单位所处行业的特点和职位的特点，尤其要对自己应聘岗位的特点和特殊要求有所了解；围绕应聘岗位准备好与应聘岗位有关的各种问题的答案，力求在应聘面试时对答如流，博得用人单位的赏识，从而面试成功。

一、知己知彼、百战不殆

首先让我们来看一名学生在面试×××航空公司时的表现：

面试官：你了解我们公司吗？

学生：我知道×××航空公司是一家民航领域实力非常雄厚的央企……

面试官：对不起，打断一下，我们是一家民营公司。

这位同学的回答明显犯了一个很大的错误：仅从公司性质就做了错误的判断。面试者一定要明白，面试官的重点是找一个“能胜任我们岗位”的员工。因此，我们面试时表现重点也是要向面试官证明：我是合适的人选，这首先要建立在我们对面试岗位的了解和对企业的认同上。假如我们对招聘单位不了解，会被面试官认为如此紧要关头竟然没有做好充分准备，这样的人还能用吗？所以被淘汰也是必然的。

（一）了解招聘公司

我们应该通过各种渠道了解招聘公司的各个方面情况，这样面试过程当中才会做到胸有成竹、心中有数，有的放矢，主要了解公司的历史、发展状况、主要业务、企业文化、新闻动态等（图3-34）。例如，公司的标识是什么？公司成立于哪一年？公司现在经营多少条航线？公司被国务院和民航总局授予什么荣誉称号？公司的使命是什么？公司的服务理念是什么？公司的经营理念是什么？公司的

图3-34　通过网络查询招聘公司

人才理念是什么？……

（二）了解应聘岗位

我们了解岗位要求的意义在于不同的岗位有不同的侧重要求。招聘条件在招聘简章中大都会明确提示，我们在面试前一定要亲自细读。只有明确了要求，面试时才可以着重展现与岗位要求相符的特长和优势，有的放矢；只有充分了解自己要面试的岗位要求，才能确定是否适合自己。岗位说明包含对面试者的要求和工作职责（图3-35）。

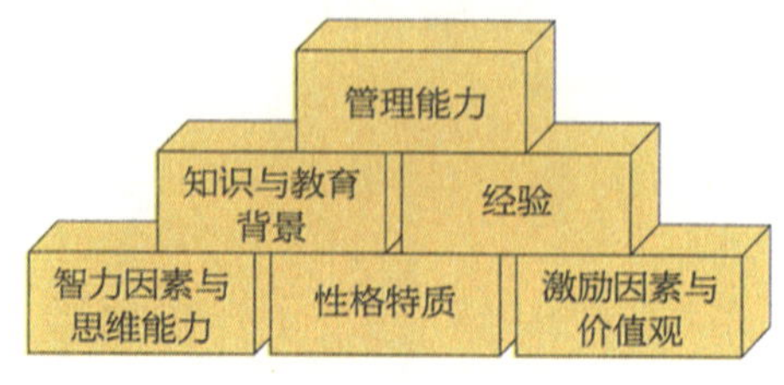

图3-35　了解应聘岗位

1. 对面试者的要求

基本要求：包括学历、专业、实习经验、文化成绩、语言、特殊技能或才艺等。

个性品质：这方面是较抽象的描述，如踏实认真、有责任心、诚实、团队合作精神等。如果招聘简章上写明了“圆梦蓝天”，那么在面试时就要着重强调自己有飞上蓝天的梦想的相关内容。招聘简章上提出的要求，一定是公司最看重的，所以在面试前要细读，要针对性地做好充分准备。

2. 工作职责

空中乘务员的工作职责：

（1）各项检查工作；

（2）引导与安全演示；

（3）安全职责；

（4）特殊乘客服务；

（5）保洁工作；

（6）常规服务工作。

工作职责是我们必须重视的信息，这些都是回答面试官所提职业化问题的依据。我们要结合招聘简章上的要求和具体工作职责，来证明你是否符合这些要求，是否能够胜任招聘的岗位。假如面试官提出“你能胜任这个岗位的理由是什么？”类似的问题，就不会不知道该如何回答了（图 3-36）。

图 3-36　空中乘务员机上服务

（三）了解相关行业状况

了解国际和国内该行业发展趋势、现在和未来的市场竞争态势，对这些要有自己的见解，在回答“你为什么选择这个行业”类似的问题时才能从容不迫，展示出自己的见解和对行业的认识，让面试官有理由相信你对职业发展和职业选择有过深思熟虑的规划，而不是盲目随大流。

二、过五关斩六将

相对于一些职业技能性岗位的面试，除了前面的一些面试准备以外，还应该针对可能问到的专业技能相关的问题，要提前进行复习和准备。在招聘安全检查员时，面试官可能会提一些关于安检的专业问题。例如，人身检查的基本程序、安检部门的检查包括几个方面……

在招聘空乘时，面试官可能会提到一些关于客舱服务的专业问题。例如，乘务员的职责、发放餐食的顺序、遇到不关闭手机的旅客应该怎么应对……

在面试前提前准备好与专业相关的一些知识或题型，对增强自信心也是有帮助的。航空类面试时，表面看似不经意的提问，其实每一道题都是事先设计好的内容。这样可以更细致地了解我们的面试动机与工作态度，决定是否最终录用。

民航服务岗位的招聘流程总体上是大同小异。我们必须要充分了解整个招聘流程，才有利于面试者做好有针对性的准备工作，做到有的放矢。就四川××航空学院的校园招聘为例看看空乘、安检、航服、机务专业的校园招聘流程（图3–37）。

图3–37　面试需要经过层层选拔

（一）空中乘务员招聘流程

1. 填写报名登记表

符合面试条件的学生领取报名登记表后，完整填写内容包括：姓名、年龄、身高、体重、专业、班级、个人爱好与特长等（图 3–38）。

2. 初试环节

首先，面试场会有工作人员为面试者测量身高，身高合格者可领取一个号码牌，面试者需要保存好这个号码牌到所有的面试程序结束。按照编号面试者会编成10人一组进入初试场，一字排开站好接受面试（图3–39）。

面试官会要求我们只能报出自己的编号，不允许报出自己的名字，否则面试者将直接淘汰。面试官主要考核的内容有：服装、发型、化妆、表情、语言、姿态；脸型、眼睛、眉毛等；肩膀的高低是否一致；两条腿的长度、腿型；是否驼背；牙齿是否整齐洁白；耳朵是否正形。

图 3–38　填写报名登记表

经过初步自我介绍的观察，面试官还会要求我们排队绕场走一圈，观察我们的形体、走路姿势、平衡等，然后面试官才投票选出进入下一环节的候选人名单。

3．身体初检环节

过初试的面试者进入身体初检的环节，初检的项目不多，航空公司会派一名航医进行简单的初检。主要项目有：身高的再次测量、视力的测量（国际C字表）、身体裸露部位的检查。（图 3–40）。

图3–39　航空学院空乘招聘

视力也是非常重要的。对于空中服务而言，没有良好的视力同样无法为旅客提供优质的服务，甚至在紧急情况下，无法保证旅客的生命安全。在密封的客舱中，高空飞行引起的各种意外情况是有可能出现的，包括一些恐怖分子的恶意破坏。所以，职业特殊性因素导致了职业要求条件的产生，视力被列入严格审查的内容（图 3–41）。

裸露部位在初检中主要针对应聘者身体是否有明显疤痕。女生只被要求要露出膝盖以下的部位、双臂和整个脸部。检查疤痕有两个原因：第一，裸露部位的疤痕会影响美观，航空公司会认为影响公司形象；第二，任何部位较大疤痕或手术后疤痕，在长期高空作业下，原伤口容易受到压力影响而再次裂开，造成乘务员的身体

图3–40　身高测量环节

损伤。

4. 笔试环节

通过初试和初检的人员统一进行笔试，近几年航空公司笔试的内容涉及面比较广，会涉及英语、语文、历史、地理、政治、数学等综合考题，目前大多数航空公司英语考试题目占到考试内容的60%~70%（图3–42）。

图 3–41　视力测试

5. 复试环节

复试的主要目的是对我们再次进行考核，有的公司会以提问的方式进行考核，从中确定面试者是否适合从事空乘这个职业以及是否符合该公司的用人标准。还有的会以小组的方式进行考核（图 3–43）。

图3–42　空乘招聘笔试现场

6. 终审环节

这个环节是面试环节最后一环，也是最关键的一环，通常是通过接受航空公司的最高层领导的审核，终审环节一般淘汰率比较小，只是领导对面试者一个目测以及换一个角度要求你回答一些问题（图3–44）。

图3–43　同学们进行复试

例如：

在飞机即将起飞的时候发现一位旅客不关手机，你应该怎么办？

你如何看待“善意的谎言”？

你认为自己是哪种性格？

你有什么特别的爱好？

请谈谈你的优点和缺点。

7. 政治审查

政治审查主要强调考生本人思想进步、品德优良、作风正派，有较强的组织纪律性和法制观念。一般有下列情形之一的，属政审不合格：有反对四项基本原则

图 3–44　同学们接受领导终审

言行的；有流氓、偷窃等不良行为，道德品质不好的；有犯罪嫌疑尚未查清的；直系血亲或对本人有较大影响的旁系血亲在境外、国外从事危害我国国家安全活动，本人与其划不清界限的；直系血亲中或对本人有较大影响的旁系血亲中有被判处死刑或者正在服刑的。如果政治审查通过后，应聘者就将正式被航空公司录取了。

（二）安检、航服、机务岗位的面试流程

安检、航服、机务岗位的面试流程大致相同，相对空乘的面试流程来说要简单一些，通常情况分为初试和笔试两个环节。只是笔试环节由于岗位不同涉及的考题内容会不一样。

1. 初试环节

这个环节主要是目测面试者的职业形象，审核面试者是否适合岗位的用人标准，这个环节相对前面提到的空乘的初试环节，在外形和身高上没有那么严格。女性身高要求在160厘米以上，男性身高要求在170厘米以上。通常也是编成10人一组，进入面试场作简单的自我介绍，等10人一组都面试结束后，面试官会针对性地提出一些问题让学生回答（图3–45）。

图 3–45　学生在进行安检招聘初试

▶谈一谈你的一次失败经历?

回答思路：

（1）不宜说自己没有失败的经历。

（2）不宜把那些明显的成功说成是失败。

（3）不宜说出严重影响所应聘工作的失败经历。

（4）宜说明失败之前自己曾信心百倍、尽心尽力。

（5）说明仅仅是由于外在客观原因导致失败。

（6）失败后自己很快振作起来，以更加饱满的热情面对以后的工作。

2. 笔试

通过初试的应聘者进入笔试这个环节，根据安检、航服、机务这三个岗位的不同，笔试的题目也是不同的。每个岗位都会根据岗位的特点、要求、知识点、职业技能等来考核对该岗位的理论知识所掌握的程度。

3. 政治审查

因为民航单位的特殊性，航空公司和机场的所有岗位在上岗前，都要求对员工进行政审。所以政审是安检、航服、机务的招聘必须要做的最后一个环节。

请在下面的几个词中选出两个词来形容2008年并说明理由。

（爱心、关心、伤心、开心、恒心、寒心）

让我们一起来看看一位面试者是怎么选择并且回答的。

答：我选择的是“开心”和“爱心”。“开心”是因为2008年奥运会终于在中国北京举行，中国体育健儿也取得了最好的成绩，让世界看到了中国的强大和科技的进步，同时也得到世界各国的认可和赞扬。我作为中国人为此感到骄傲和自豪，非常开心。选择“爱心”是因为2008年，四川汶川地震牵动全国人民的心，大家团结一致、抗震救灾、齐心合力将爱心传播到汶川灾区，灾区人民得到了来自四面八方的救援和帮助，再次证明了中华民族在面对任何困难的时候，都不会屈服，也验证了人民的爱心是可以拯救这一切的。（回答的面试者顺利通过了复试）

分析：此类问题虽然不是特别难以回答，可要回答得让考官满意也不容易。面试者首先要明白考官的目的——这道题就是要测试面试者的性格特征，如果面试者不明白考官的用意，而选择了“伤心”或“寒心”，那么考官会认为面试者的个性过于消极，面对困难时没有乐观积极的人生态度，不适合空中服务员的性格特征。空乘的性格是从事这个行业非常重要的一个因素，没有积极乐观的人生态度和良好个性是很难做好服务工作的，也很难与旅客沟通交流及培养良好的公共关系，营造和谐的客舱氛围。所以这类题目就是性格特征的一种验证，面试者如果不明白其中的缘由，选择了错误的词来表述，通过的机会就很渺茫。但是即使面试者选择了正确的词，但是目光呆滞、言语冷淡、机械式地将答案叙述给面试官，也难以得到面试官的首肯，面试官会认为你只不过是应付了事，或是善于答题者，你的表情证实你并非具有良好的性格特征。因此面试者除了选择合适的词汇，还要声音柔和亲切、表情真诚热情、面带微笑地进行答题，要明白这类题是考性格而不是简单地回答问题，要在无形中传递出良好的性格特征。

三、万事俱备、只欠东风

（一）学业知识的准备

在校期间，一刻也不能放松。有的同学认为在学校学的知识过时了，工作的时候用不上，没有必要花费太多精力去学，工作后边干边学就行，这种观点害人不浅。多少次在招聘现场上，看见那些苛刻的面试官们，把我们辞藻华丽的简历搁置一边，直奔主题询问是否有英语等级证书、普通话等级证书（图 3–46）、计算机等级证书、奖学金证明……

图 3-46 全国普通话等级证书

（二）职业技能的准备

目前大多数的民航服务岗位必须要求从业人员具备相关技能资格才能上岗，所以面试者在校期间必须要考取相关职业资格证书，如民航安全检查员职业资格证书、民航票务职业资格证书，这样才能提高自己应聘面试的竞争力（图3–47）。

图3-47 安检中级资格证书

（三）专业技能的工作经验准备

同学们的专业技能实操很重要，它有利于我们对理论知识的转化和拓展，增强运用知识解决实际问题的能力。专业实操使我们更接近用工标准，获得大量的感性认识和许多有价值的新知识，同时使我们能够把自己所学的理论知识与接触的实际现象进行对照、比较，把抽象的理论知识逐渐转化为认识和解决实际问题的能力（图 3–48 ~ 图3–50）。

例如，空乘专业的客舱服务、急救等；安检专业的开箱（包）检查、人身检查等；航服专业的贵宾服务、售票等。

图 3-48 客舱服务训练

图 3-49 心肺复苏急救课程

图3-50 同学们进行安检实训

（四）职业素质的准备

简单地说，职业素质是我们对社会职业了解与适应能力的一种综合体现，其主要表现在职业兴趣、职业能力、职业个性及职业情况等方面。

影响和制约职业素质的因素很多，主要包括：受教育程度、实践经验、社会环境、工作经历以及自身的一些基本情况（如身体状况等）。一般说来，我们能否顺利录取并取得成就，在很大程度上取决于个人的职业素质，职业素质越高的人，获得成功的机会就越多。

一、请你思考

1. 怎样保持一个良好的面试心态？
2. 说说自己对航空面试准备的理解。
3. 觉得自己的化妆技巧还有什么不足？
4. 为什么要熟悉航空面试程序？
5. 谈谈关注航空面试应答环节的重要性。
6. 说说自己对专业理念的理解。

二、案例分析

6月的夏日，强烈的太阳光覆盖了整个校园，但是高温酷暑依然阻止不了航空学院的莘莘学子对蓝天的向往。

空乘班同学李××准备参加某日上午10点的空乘校园招聘，一大早起来就精心准备着自己的妆容，李××了解过空乘招聘要求画淡妆，所以认真地画了清秀的淡妆。当她信心满满地前往面试场时，正好碰上班主任老师，当她过去给老师打招呼的时候，老师给出了惊讶的表情，老师说道：你怎么回事，难道你不知道空乘面试要画淡妆吗？你怎么画了个摇滚浓妆啊？这时，李××一脸茫然。

请同学们分析，李××明明是化的清秀淡妆，为什么老师却提出了截然相反的问题？

三、行动建议

模拟面试就是通过为求职者安排仿真的面试现场、正规的面试流程，让求职者亲身感受面试的全过程。模拟面试的整个过程力求达到真实面试的效果，面试结束后，面试官会现场为求职者分析其面试表现，并提出改进建议。

模拟面试

一、角色扮演

由同学们定位各自的角色，分别为“面试官”与“面试者”，面试官准备好要提的问题。面试者编成一个小组敲门进入面试场，向面试官问好、行鞠躬礼，完整模拟面试的整个过程。中间最好不要中断，需要完整地进行。模拟面试完之后所有参与人员在一起总结，互相点评。

二、分析反馈

用手机、摄像机等设备，将整个模拟面试过程记录下来。然后大家坐在一起观看回放，这样会很直观地看到每个人在面试过程中的一些不足的地方。有些同学做得比较好的地方，其他同学也可以向他学习。最后需要“面试官”从他们的角度，认真地、真实地对面试者的表现作出客观评价。

三、互换角色

“面试官”与“面试者”的扮演者互换角色，通过这种角色的互换，面试者也可以从面试官的角度来考察他们在面试中的表现，有什么优点值得自己学习，有什么缺点引以为戒。这种通过两种身份的体验方式，来充分体验不同角度下的面试要点，进而提高自己真实面试的应对能力。

第四章

应聘面试的技巧

引言

面试的技巧就像一本“武功秘籍”，想要成功修炼它就在于如何用你的专长来赢得面试官的认可、吸引你未来的领导。本章主要讲解在应聘面试过程中需要掌握的各项技巧要点，内容包括：面试中如何展示个人职业形象、完成规范的自我介绍、抓住机会表演自我才艺以及应对面试官的技巧等。

希望通过本章的学习，能够让你在今后的面试中“战无不胜，一举夺魁”，让我们一起来揭秘吧。

第一节 引人瞩目的个人形象展示

应聘面试中，引人瞩目的个人形象是第一道门槛，因为仪容仪表和个人气质给人的第一印象十分重要。所以你面试前要做好充分的准备，留下良好的第一印象关系到你能否跨过这道门槛，顺利得到第一份工作（图4-1）。想一想，图4-2所示形象符合标准吗?

图4-1　自信阳光的职场成功人士

图4-2　这样的形象符合标准吗?

一、面试中常用礼仪站姿和走姿

（一）站姿要求

女士常用站姿要求：头正身直，面带微笑，颈部自然拉长，双肩下沉，胸部自然挺起，脊柱保持在一条直线上。左手握右手，双手交叉放于体前，收紧臀部，双腿并拢，膝盖加紧，双脚成丁字步（左脚在前，右脚在后，图4–3）。

男士常用站姿要求：男士的常用站姿分为两种，分别是背手势站姿和前腹式站姿。两种站姿都需要男士头正身直，面带微笑，双肩下沉，胸部自然挺起，脊柱保持在一条直线上，双脚之间距离应同于或略小于肩宽，身体需垂直于地面以杜绝身体出现前倾后仰、左摇右摆的情况，然后双手相握置于前身（前腹式，图4–4），左手握右手，或者双手交叉放于身后，右手握左手（后背式）。

图4-3　女士应该保持这样的站姿

图4-4　男士应该保持这样的站姿（前腹式）

（二）走姿

标准的走姿是人体所呈现出的一种动态，也是站姿的延续。走姿是展现人动态美的重要形式，也是有目共睹的肢体语言。在面试现场，面试官会要求面试者来回行走，以此来端详他走路过程中是否存在缺陷，走姿是否符合他们的要求。

标准走姿要求如下：头部要端正，双目平视前方、肩部后展、挺胸立腰、腹部略微上提，两臂自然前后摆动，前摆幅度约30°，后摆幅度约15°。行走时上体要正直，身体重心略向前倾，走时步伐要平稳，不要两脚尖向内形成“内八字”或“外八字”，步幅均匀、步速不要过快，不能将手插在口袋里（图4–5）。

男士走路时双脚成两条线，步履可稍大。

女士走一字步，双脚内侧在行走时应在一条直线上。高跟鞋可谓是女士的最爱，但一定要注意走路时鞋底发出的踢踏声。这种声音在任何场合都是不文雅的，特别是在正式的场合，都要做到轻轻落足，避免走路时发出太大的声响。

图4-5　航空学院学生标准走姿展示

二、微笑是面试场上必不可少的法宝

（一）微笑的含义

微笑是人的面部表情之一，是友善的标志，在一定程度上反映了一个人的文化、能力和品行，自然真挚的微笑能使别人感到信任和依靠，让你更有亲和力、更自信、更有魅力。

（二）微笑的标准

微笑一般分为三种：一度微笑、二度微笑、三度微笑。

一度微笑：嘴角肌肉轻轻上提，根据个人实际情况，不露或露少量牙齿，适用于初次见面打招呼。

二度微笑：嘴角肌肉、颧骨肌肉轻轻上提，根据个人实际情况，露少量牙齿，适用于与人交流沟通。

三度微笑：嘴角肌肉、颧骨肌肉、眼周肌肉同时轻轻上提，露六至八颗牙齿。三度微笑又称为国际标准微笑，即三米见八/六齿，别人在离你三米的距离时就可以看到你绝对标准迷人的微笑。面试过程中我们主要采用"三度微笑"，可根据个人实际情况选择适合自己的微笑标准（图4–6）。

图4-6　航空学院学生标准职业微笑展示

（三）微笑的训练方法

他人诱导法：和同学、朋友讲笑话，训练微笑。

习惯性伴笑法：发"茄（qie）"或"一（yi）"音，训练微笑。

情绪回忆法：回忆美好事情，流露真诚微笑。

咬筷训练法：每天站在镜前，嘴里咬一只筷子并保持一分钟。

如果这样坚持下去，你就会慢慢地习惯微笑、爱上微笑。其实，微笑很简单，只要你是真挚、自然、大方的微笑，就是最美的微笑。

名言警句

当生活像一首歌那样轻快流畅时，笑颜常开乃易事；而在一切事都不妙时仍能微笑的人，才活得有价值。

——威尔科克斯

（四）微笑的意义

微笑是一种重要的修养，微笑的实质是亲切，是鼓励，是温馨。真正懂得微笑的人，总是容易获得比别人更多的机会，总是容易取得成功。

在顺境中，微笑是对成功的嘉奖；在逆境中，微笑是对创伤的理疗。只要你爱上了微笑你就会知道，再痛苦、再难受的事都会过去。

学会微笑，你就会拥有自信、优美、宽容、勇敢。学会微笑是面试成功的一个最有力的法宝，所以不管是在应聘面试中，还是在工作中或者生活中请你时刻保持微笑，让所有人都被你的微笑所吸引（图4-7）。

图4-7　自信的航空学院空乘专业学生

▶我微笑，我成功

小薇是四川某航空学院一名二年级学生，第一眼看到她，并没有让人惊艳的美丽，但是与她聊天时就能让你开心无比，一种暖意融入心中。怪不得她能很快达成自己的愿望，成为一名优秀的空姐。我让她讲述当初面试成功的心得，她说："当初我们那一组面试人中，我其实并不是最漂亮的。可是老师考完后就对我说，是我笑容里的真诚打动了他们。所以微笑真的非常重要。微笑是令人感觉愉快的，它可以拉近人与人之间的所有距离，为深入沟通与交往创造和谐的气氛，所以我会一直微笑。"

三、正确使用眼神能让你过关斩将

同微笑一样，眼神也是最富感染力的语言。眼睛是心灵的窗户，在人们的相互交往中，眼睛可以表达万千变化的思想感情。眼睛凝视时间的长短、眼睑睁开的大小、瞳孔放大的程度以及其他一些细微变化，都能向外界传递最微妙的信息。

（一）眼睛注视区域

一般在面试过程中，正视面试官是表示庄重；斜视是表示轻蔑；仰视是表示思索；俯视则表示羞涩等。

所以，在面试中，为了避免过多地直视而令面试官感到不安，可以把目光放在对方脸部两眼至额头中部的上三角区范围内（图4–8）。

图4–8 航空学院学生与老师的眼神交流

名言警句▼

眼睛是心灵的窗户，人的才智和意志可由此看出来。

——博厄斯

小贴士▼

眼睛透露你的秘密

现代心理学的一个流派NLP里面有关于眼睛的秘密的一些说法：眼睛是心灵的窗户，人的内心表象可以通过眼球转动“读”出。眼球转动方向所代表的含义：左上——回忆发生过的画面；右上——构想画面；左平——回想声音；右平——收听声音；左下——自我确认；右下——自我感觉。我们的思维偏好，往往跟我们眼球运转偏好是一致的。任何学习方法，都需要匹配的眼球转动序列。右手习惯的人一般都如此，左手习惯的人则相反。

这些就是眼睛可能透露的秘密，你知道了吗？（图4–9）

图4–9 面试中对视眼神的应用

（二）注视对方，目光要自然、柔和、亲切、真诚

正因为眼睛是心灵的窗户，所以应聘者就应该打开这扇窗户，让面试官看到其真实内心。因此在面试中，应聘者的目光要自然、柔和、亲切、真诚。一方面可以让面

试官感受其真诚认真的面试态度，同时这样的目光也是民航服务员工的要求之一。

（三）要注意眨眼的次数

一般情况下，每分钟眨眼6～8次为正常，若眨眼次数过多，表示在怀疑对方所说内容的真实性，而眨眼时间超过一秒钟就成了闭眼，表示厌恶、不感兴趣。这是求职者必须要注意的问题。

（四）目光对视时怎么办

若双方目光相遇，相对视，不应慌忙移开，应当顺其自然地对视1～3秒钟，然后才缓缓移开，这样显得心地坦荡，容易取得对方的信任。一遇到对方的目光就躲闪的人，容易引起对方的猜疑，或被认为是胆怯的表现。

第二节
你会灵活运用自我介绍吗

有一位公共关系学教授说过这样一句话:“每个人都要向孔雀学习，两分钟就让整个世界记住自己的美”。自我介绍也是一样，面试官给每个人只有两分钟左右的时间，你必须抓住机会展示自己。

无论是在生活、交际、日常工作还是应聘面试中，自我介绍是你向别人展示自己的一个重要的手段，介绍得是否得体，会直接关系到别人对你的第一印象好坏，同时也决定了以后的交往是否顺利。

如果自我介绍精彩了，会大大增强应聘理想岗位的概率，所以说一个成功的自我介绍是非常重要的（图4-10）。

图4-10　自我介绍面面观

一、自我介绍基本要素

自我介绍根据采用语言的不同，可分为中文自我介绍或外语（一般以英语居多）自我介绍。

自我介绍内容主要包括以下几个方面：

个人基本信息：姓名、年龄、身高、体重、籍贯、家庭概况；

专业学习情况：就读专业、课程设置、专业成绩及考证情况；

个人兴趣、爱好、特长（充分了解兴趣、爱好、特长三者之间的区别）；

在校期间表现：在校期间个人所担任过的职务；

获奖情况：参加校内外活动或比赛的获奖情况；

社会实践：重点介绍与专业相关、与面试岗位相关的社会实践活动；

应聘意愿：表达自己对应聘单位相关情况的了解，渴望得到实习和就业的机会。

温馨提示▼

建议应聘者写一篇有个人特色的中英文自我介绍，再提交给了解自己的老师修改后熟记于心。外语水平较差的人可以上网搜寻一些自我介绍的模板，进行相对简单的修改添加和删减再交给老师检查后熟记。切记，要结合个人特色，灵活运用，不可简单照搬照抄。

二、自我介绍的技巧

技巧一：提前收集应聘单位信息。

根据面试单位的不同，投其所好是自我介绍中的关键，所以在面试前多收集应聘公司的详细资料，保证叙述的线索生动、清晰和简洁。

技巧二：根据报名排序，调整自我介绍内容。

如果应聘者的报名顺序靠前，自我介绍内容可相对完整；如果应聘者的报名顺序靠后，自我介绍内容可适当精简。

技巧三：根据同组面试者的自我介绍内容，调整自己的自我介绍方式。

如果同组面试者大多采用中文自我介绍，为了引起面试官的注意，应聘者可采用英语、韩语、日语等语种或说唱形式等方式进行自我介绍；在面试者众多的情况下采用让面试官耳目一新的方式，加深面试官对应聘者的印象。

技巧四：恰当适时展示个人特长。

如果应聘者有优于其他面试者的特长，可征得面试官的同意后进行才艺展示。

▶外语面试九大必胜技巧

（1）熟悉各国文化圈的独特思考方式、习惯、礼节等；

（2）最大限度掌握应聘公司有关的信息；

（3）多记一些应聘企业或职位使用较多的外语单词；

（4）通过电话与朋友进行练习外语；

（5）预设提问并反复进行答题练习；

（6）即使想不起如何表达，也不能说汉语；

（7）给人一种通过思考后回答的感觉，而不是背诵；

（8）充满自信，有朝气的应聘者已成功一半；

（9）不要对自己的能力自满。

三、自我介绍的禁忌

（1）语速过快，表达不清晰；应聘者在自我介绍中语速过快，难以让面试官插话以做出适当的响应。

（2）语言的反复追加：当考生说话时反复重复某一句话或经常补充前面的话，就会令考官烦躁了。

图4–11　航空学院学生正在进行自我介绍

（3）语言呆板、重复使用某种句式或词语：有些应聘者像小学生回答问题一样，不断地使用同一句式，比如“因为……所以……”，“因为……所以……”。那么即使其内容再精彩，也会令面试官乏味。

（4）口头禅和小动作太多：反复使用口头禅，如：“那个、那么、然后、呃”等以及诸如扬眉、歪嘴角、搔头发、抹鼻子、抖脚等小动作。这些都会让应聘者的面试形象大打折扣。（图4–11）

▶self-introduction

Good morning/afternoon, my name is Yang haiyan ,you can call me yanzi. I like the feeling flying in the sky like a swallow. It is really a great honor to have this opportunity for an interview, I would like to answer whatever you may raise, and I hope I can make a good performance today.

Now I will introduce myself briefly. I am 20 years old, born in shandong province. I grow up in a sweet family, composed of my dad, mom, brother and myself. I am an optimistic and confident girl. I have full confidence in a bright future, and I believe I can do well in Airlines. Punctuality and diligence are crucial to most future careers, I will try my best. Although I just graduated from school, I have confidence to venture my future.

Scoaring in the sky as an airhostess has been a dream for me since childhood. This is why I'm longing for a job on a plane, and this is why I'm standing here for this interview. I hope my application will be granted, so that I will deliver my best servies throughout the world as a airhostess member of Airlines and my dream can come ture.

That's all. Nice talking to you. Thanks.

早上好（下午好），我的名字是杨海燕，您可以叫我燕子。我喜欢这种像燕子一样在天空飞翔的感觉。非常荣幸能参加今天的面试，我愿意和您坦诚地沟通，也希望自己今天能有好的表现。现在我简要地介绍一下我自己。我今年20岁。我生长在山东省一个幸福的家庭，家里有我的爸爸，妈妈，弟弟和我自己。我是一个乐观和自信的女孩。我对美好的明天充满了信心，我相信我能在航空公司闯出一片天地。守时和勤奋是至关重要的，对未来的事业，我将尽我最大的努力去奋斗。从少年时代开始，成为一名空姐就是我的梦想，这是为什么我渴望在飞机上的工作，这就是为什么我站在这里参加面试。虽然我刚从学校毕业，但我有信心把我最好的服务奉献给乘客，成为优秀的民航空姐成员！很高兴能把我的心里话说给您听，谢谢。

第三节
你能恰当适时地展示个人才艺吗

图4-12　自我才艺不能过度展示

每个人都有不同的优势，但是在面试中如何抢占先机需要有一定的技巧，其中一项要掌握的就是对不同的面试岗位，如何恰如其分地展示出个人才艺（图4-12）。

一、了解“特长”、“兴趣”和“爱好”的区别

面试时，应聘者在自我介绍中常常会提到我的“特长”、“兴趣”或者“爱好”是什么，但是在才艺展示的环节需要呈现的是你的特长，而很多人对“特长”、“兴趣”或者“爱好”三个概念相对模糊。例如，面试者在自我介绍中提到：“我的特长是唱歌和跳舞。”面试官接下来可能会问：“那就请你为我们展示一下你的歌喉或者来一段擅长的舞蹈吧。”此时此刻有不少的面试者只好面红耳赤地说道：“非常抱歉，领导，我只是喜欢听歌，我的唱功不足以在这里献丑。”面试官对应聘者的印象必然大打折扣。

（一）特长

特长是指你会做的东西，在某个领域或技术方面，有着独特的见解和能力，是一般人还没有达到的水平。成就这个特长的，可以是因为从小培养，坚持不懈炼成的，也可以是刻苦训练出来的（图4–13）。

（二）兴趣

兴趣是指兴致，对事物喜好或关切的情绪。心理学表明人们总是力求认识某种事物和从事某项活动的意识倾向。它表现为人们对某件事物、某项活动的选择性态度和积极的情绪反应。兴趣爱好以需要为基础，在人的实践活动中具有重要的意义。兴趣可以使人集中注意，产生愉快紧张的心理状态。这对人的认识和活动会产生积极的影响，有利于提高工作的质量和效果。

图4-13　航空学院学生在进行职业装才艺展示

（三）爱好

爱好就不同了，爱好不代表一定具有专业水准，可以是随意的、娱乐的或消遣的等。现今社会由于地域的不同，文化的差异使得各机场、航空公司的企业文化也各有不同。

图4-14 现代舞才艺展示

大多数民航业对于地面服务岗位比较偏向于擅长有唱歌、跳舞以及茶艺展示等特长的员工（图4-14、图4-15），而安全检查部门则偏向于喜欢擅长体育类（如篮球、足球、羽毛球等）的员工。

图4-15 航空学院学生时尚街舞才艺展示

作为应聘者在准备应聘岗位的面试前应该充分了解其企业的文化和选聘标准，做到无缝对接，这样更能提高面试的命中率。

温馨提示▼

兴趣——由于喜好产生的情绪；爱好——你喜爱做的事；特长——你擅长做的事。所以，面试时通过自我介绍想要展示给领导的是你擅长做的，即个人才艺。

二、如何抓住机会展示才艺

（一）在自我介绍中主动提及个人特长

在面试中怎样才能抓住机会展示自己的才艺？自我介绍时，要向面试官自信地说出自己的特长，如“我擅长唱歌，曾经在××比赛中获得‘一等奖’，如果可以的话，希望领导能够给我一个机会展示自己的歌喉。”在这样的情况下，大多数面试官是不会拒绝的，因为面试官也想了解应聘者所擅长的程度是否足以成为他们录取你的条件（图4-16）。

图4-16　航空学院学生功夫茶才艺展示

图4-17　航空学院学生仪容仪表才艺展示

名言警句▼

世界上有许多做事有成的人，不一定是因为他比你会做，而仅仅是因为他比你敢做。

——培根

（二）抓住时机展示特长

在面试中，当面试官问“同学们还有没有什么问题？”或“同学们还有没有什么需要补充说明？”的时候，应聘者可以举手示意，征询面试官意见：“领导您好，我可以跳一支手语舞吗？”以便获取展示才艺的机会（图4–17）。

在面试中展示自己才艺也要有节制，不能没有重点，也不能一发不可收拾。

当然，有的特长是不大可能在面试现场展示的，在这样的情况下，面试者在准备面试前可以把因为个人才艺获得过的荣誉资料准备妥当。例如，将“初级茶艺师”、“国家二级运动员”等证书复印件备好，供面试官参考。

▶才艺为面试加分

案例引入

在××机场值机员的招聘现场，小燕因为普通话不标准的问题不占优势，担心自己因为这个缺陷不能如愿应聘，她在自我介绍时鼓起勇气说道：“领导您好，我是来自××学院××专业的学生小燕，我身高161厘米，来自美丽的蓉城，从小我就喜欢跳舞，所以参加各项比赛都获得了不错的成绩，在此我希望领导给我一个展示的机会。”该机场领导非常乐意应聘者现场展示自我才艺，小燕表演了自己拿手的一段“孔雀舞”，赢得了在场领导的高度赞扬。小燕虽然普通话水平有缺陷，但是在应聘过程中的良好表现和较高水平的才艺展示让她应聘成功，圆了自己梦想。

▶“十佳歌手”成长记

小艾曾是一名航空学院的学生，现在已经就业到某机场的地勤岗位，在一次采访中谈到她自己有哪些闪光的地方，“吃苦”二字毫不犹豫地从她的嘴里蹦了出来。小艾说，吃苦的精神得益于在学校军事化、标准化的管理，所以上岗后她始终坚持按军事化、标准化的要求去践行并塑造自己，这对她的梦想的实现产生了深远影响，也造就了她的一次次收获和成功。

除了具备吃苦的品质外，小艾还是活跃在学校学生会工作和各种活动中的一分子。学校歌手大赛、圣诞晚会、军体运动会等，总能见到小艾的身影。正是因为她的积极和执著参与，在两届校园歌手大赛中，她深深打动观众，连续被评为“十佳歌手”。小艾给很多老师和同学都留下了深刻的印象，她的炫酷与迷人注定定格于舞台之上，永不落幕。

小艾梦想的实现，归结于她的吃苦、她的执著、她的坚守。小艾一再嘱托，要告诉她的学弟、学妹们：“一定要珍惜在学校的时光，端正自己的态度，完全按照学校的要求去做，去打造自己。这样才会走很多捷径，才能有充分的准备，才能有出头之日。”

第四节 你掌握了面试中的对答技巧吗

招聘过程中，面试官会通过问答的方式来和应聘者进行交流，其目的是想更进一步了解应聘者是否对应聘单位有足够的了解，以此检测你对工作的热情、做事的认真、能力的高低。

应聘者在回答问题时要有个人的独到见解和创新，语言要生动、内容要真实、语调要平和、表情要自然，这样才会让面试官对自己刮目相看（图4-18）。

图4-18　面试中如何应对回答面试官的提问？

一、面试提问的种类

（一）开放式提问

面试官一般会直接对自己关心的问题进行询问。例如，“你有这方面的工作经验吗？”这些都要求应聘者的回答要在一定的范围内，对回答问题的内容有所限制。当被问到这些问题的时候你可以如实回答，尽量不要有虚假信息。

（二）封闭式提问

封闭式提问即让应聘者对某一问题做出明确的答复；如“你以前在民航工作过吗”，一般会用“是的”或“没有”。它比其他的问题更直接。主要表达两种不同的意思：一是表示面试官对应聘者答复的关注，一般在应聘者答复后立即提出一些与答复有关的其他问话；二是表示面试考官不想让应聘者就某一问题继续谈论下去，不想让对方多发表意见。

（三）假设式提问

有时面试官会以假设式提问的方式鼓励应聘者从不同角度思考问题，发挥应聘者的想象能力，以探求应聘者的态度或观点。例如，“如果你处于这种状况，你会怎样处理”等，这样可以从中了解面试者的工作决策力。

名言警句 ▼

一个人的谈吐，集中反映了这个人的道德品质、文化素质、聪明才智和思辨能力等多种内在素质。

——云非先生

（四）重复式提问

面试官通常会重复提问，通过这种重复的方式以便检验获得信息的准确性。例如，“你是说……”，“如果我理解正确的话，你说的意思是……”等。

（五）确认式提问

面试官如果对你提出确认式提问，并鼓励应聘者继续与面试考官交流，表达出对信息的关心和理解。例如，“我明白你的意思或这种想法很好”此类话的时候，代表他对你的某一些方面十分感兴趣，并给予肯定。

（六）举例式提问

举例式提问是面试的一项核心技巧，又称为行为描述性提问。传统的面试往往集中问一些信息，十分注意面试表中所填的内容，加以推测分析。同时，还询问应聘者过去做过的工作，据此来判断他将来能否胜任此岗位（图4–19）。

图4-19　举例式提问

二、遇到疑难问题应该如何见招拆招

面试中紧张是难免的，在面试官提出问题的同时要集中精力，仔细听清楚对方的问题，用几秒钟时间理清思绪后再慢慢回答，不要过于急躁，保持适度微笑（图4–20）。

图4-20　应聘者与面试官自信地交流

招数一：听清问题，冷静思索。如果因为其他原因没能第一时间听清楚面试官提出的问题，请诚恳地对面试官说：“非常抱歉，能重复一下这个问题吗？”面试官一般会再重复问题，此时应聘者必须重新调整，认真

图4-21　语气助词过多，透露准备不充分

应答。

招数二：陌生问题，如实回答。如果面试官突然问到自己非常陌生的问题时，首先不能慌乱，可以稍加思考后说："您好，我可以这样理解这个问题吗？"，接着说出答案。有时面试官让你谈谈对他们公司的了解，或"你知道机场贵宾厅的基本工作流程吗？"，如果你不能比较圆满地回答，你可以如实回答"对不起，这个问题我确实没有关注到，不过我会在以后的工作中尽快熟悉整个流程。"

招数三：尽量避免语气助词。面试过程中一定要避免出现以下含糊不清的语气助词。例如，因为紧张经常冒出的"嗯……嗯……"；"我觉得……"；"可能……"等"嗯"了半天都没有内容，甚至站在那里哑口无言，这样会让人不清楚不明白你到底想表达什么（图4–21）。

温馨提示▼

面试中在回答面试官提出的问题时声音应该大一些，吐字清楚，语言简练，这样才能使对方听清楚你所要表达的内容。

招数四：端正态度，接受结果。有一些应聘者回答问题以后，得不到面试官的肯定会有一些小意见，甚至当场表现出明显的不愉快表情；有的甚至找面试官辩个明白；有的甚至强词夺理，态度非常强硬，弄得整个场面十分尴尬。实际上，态度诚恳地接受面试结果也体现了应聘者的个人素质，平和冷静的表现说不定能赢得面试官的好感，甚至改变最终结果。

▶民航业应聘面试常见问题应答要点

问：介绍你的家庭、父母和家庭其他成员。

答：较详细地说明家庭成员的关系和工作，切记不可落下任何一个人。主要是要突出家里的和谐感与自身的幸福感。哪怕父母已经离异，也可以说爸爸妈妈离异后也都组成了自己的家庭，但是他们都对我非常关爱。

问：你为什么要做一名民航工作人员？

答：我个人性格十分开朗，喜欢与人交流，也喜欢做服务工作，因为在服务过程中与各种各样的人打交道让我有价值感，所以我觉得这类工作很适合我。

问：谈谈你对本公司的了解。

答：在应聘面试前，深入了解公司的概况、理念、文化、特色以及发展前景。特别是公司的标志、公司的宣传口号、优质服务的理念、具有特色的企业文化等必须了解清楚，甚至包括公司的服装设计的品位和特点你也可以提及……最后你可以总结一句：正因为以上的缘由，我希望有幸能成为贵公司的一员。

问：你有哪些特长？

答：尽量不要回答没有特长，即使没有比较突出的特长，也要向面试官表明自己对某些方面感兴趣；若有明显的特长，一定将特长方面描述得比较具体细致。如：我的特长是篮球，我在球队中打××位置；曾经多次参加××的比赛，曾获得某年某月什么级别的比赛几等奖。

问：在工作中如果遇到不讲理的旅客你应如何处理？

答：无论你在什么岗位工作，你都必须将公司形象摆在首位，同时在公司制度范围内，尽量满足旅客的需求。遇到不讲理的旅客，你更要微笑服务，心平气和，反复沟通，以诚感人，以便化解矛盾。

问：航空类工作很辛苦，你做好准备了吗？

答：航空类工作的确很辛苦，但辛苦中也会包含着幸福。当看到旅客乘坐公司的航班顺利舒心到家的那一刻，即使再辛苦也会感觉到幸福。

问：如果你被我公司录取，你将准备如何做一名合格的民航工作人员？

答：首先要认真学习公司的各项规章制度和企业理念，让自己尽快融入到公司文化中；同时从各个方面提升自己的综合能力，在服务中对旅客做到耐心、爱心、热心、关心，逐步提升自己的服务水平，为良好的公司形象而不断努力。

应聘面试的技巧你掌握了吗？从现在起，告别单一的面试方法，掌握新的知识和技巧，仔细琢磨，加以修炼，相信在面试中你一定能够赢得面试官的青睐。

一、请你思考

（1）怎样的中文自我介绍能让自己在面试中脱颖而出？

（2）在面试中，怎样才能给面试官留下良好的深刻印象？

（3）如何恰当地展示才艺？

（4）应聘过程中有哪些禁忌？

二、案例分析

在某航空公司招聘地面服务员工的面试现场，小夏正面带微笑地向面试官做自我介绍，她的身高只有160厘米还不能够达到该公司的最低标准，但是她并没有因此就放弃自己想应聘上此次岗位的想法。在面试过程中，小夏向面试官展示了自己的韩语自我介绍，并告诉面试官自己在校期间经常参加学院的语言类活动，并在“外语节”比赛中获得了韩语口语第一名的好成绩。也曾经利用暑假参加社会实践，到一个票务公司去兼职，目的是为了能够把学校学到的知识和技能用到实际工作岗位去检验和提高。最后面试官问到这样一个问题：“你知道你的身高并没有达到我公司的最低标准，对于这个问题您怎么看待？”小夏回答：“领导您好，首先我非常喜欢这个岗位，它承载着我的民航梦，我知道自己并没有达到贵公司的身高标准，但是我会通过自己的其他特长来弥补这一点，并且如果我有幸能够成为贵公司的一员，我将全身心地投入到工作中，用我的特长来为公司获取更多的价值。”最后小夏凭借自己的实力，终于被成功录取。

请你分析：小夏为什么能够得到面试官的青睐？如果你是小夏，遇到类似情况你将如何应对？

第五章 我的秀场我做主

引言

如何有效直面职场风云？沉着应试是顺利就业的关键。面试与笔试成功与否直接关系到是否被用人单位录用或进入下一轮的选拔，因此我们应对如何通过面试与笔试引起高度重视。对于我们大学生而言，由于面试经历不多，同时缺乏理论指导和经验，所以我们要通过学习，掌握面试与笔试的相关知识，并学以致用，这样我们才能在实战中掌握一定的主动性，成功闯关。

第一节
知己知彼，舍我其谁

面试是就业的必经之路，是求职过程的关键环节。用人单位通过面试谈话和观察来衡量我们的能力是否满足公司要求，而对于我们大学生来说，也是展示自我风采的一次良好机会。那么在面试中如何才能突出自己，成功过关呢？这就需要我们事先了解面试的相关知识和掌握答题的技巧。

航空专业招聘面试，即面试考官通过对考生进行面对面的交流与观察，来考核考生的形象气质、言谈举止、心理素质、临场应变、文化修养、知识水平、性格品质等多方面的综合素养，是现代招聘中最常见的方式。而对于面试题，考官会根据预先精心设计好的题目对考生进行提问，有时也会根据现场情况即兴出题。看似不经意的问题，事实上都在考核考生某方面的真实状况，考察考生是否具备岗位要求的综合素质（图5–1）。

图5–1　面试是求职成功的关键

一、面试形式知多少

面试有很多种形式，根据面试的不同阶段划分初试和复试。

（1）初试：初试的目的主要是从众多应聘者中初步筛选出较为优秀的人选。一般来说，这一关淘汰的人数最多，初试时间较短，考官人数也相对较多。

（2）复试：由于用人单位招聘条件的差异，复试的环节也各有不同。复试的时间稍长一些，是一个精挑细选的过程，程序也较为复杂，考官的职位级别往往也更高一些，有时甚至是面试单位的最高领导。

▶揭开身体初检的神秘面纱

在空乘招聘面试中，各大航空公司除了初试、复试、笔试外一般都设有身体初检环节，初检合格者才能进入下一关。身体初检由专业的航医对应聘者进行体检，除了常规的视力、身高、色盲测试外，还要对耳朵、鼻腔、咽喉进行检查。通过让应聘者反复做下蹲动作，来观察其腿部、膝盖以及跟腱状况，同时还要检查应聘者裸露部位，如面部、脖子、双臂、双手、腿部有无明显疤痕、体毛和文身，甚至有无狐臭也成为必不可少的检查环节（图5-2）。

图5-2 检查身体有无明显疤痕、文身等

根据面试采取的手段划分，比较典型的方式有如下六种。

（一）问题式面试

由考官按照事先拟定好的询问题目和有关细节逐一发问，目的是获得考生真实、全面的资料。例如：你认为你的优点和缺点是什么？你的专业学得怎么样？你的职业生涯规划是怎样的？（图5–3）

图5-3 学生正在面试

（二）自由式面试

考官与考生之间漫无边际地进行交谈，双方自由发表议论，气氛轻松活跃。考官通过这种闲聊的方式对考生的言谈举止、能力、知识、价值观等进行全方位的考核。举例：考官：“你的身体看起来很不错，喜欢做运动吗？”考生：“喜欢打篮球和踢足球。”“那我们有共同的爱好，我也喜欢踢足球，你踢哪个位置？”“前锋。”“那如果突然叫你踢中锋，你怎么办？”“如果出现这种情况，那一定是在这场比赛中有人比

我更适合踢前锋的位置，我会很快进入中锋的角色，力求与其他球员做到最佳配合。”（图5–4）

图5-4 自由式面试

（三）情景式面试

由考官根据考生应聘职位的要求，设置一定的模拟环境，要求考生在模拟情境中完成一项任务，从而对考生的心理素质、潜在能力等进行考核。例如，让面试安检岗位的两名考生模拟安检工作场景，分别扮演旅客和安检人员，安检人员对旅客所提供的证件进行检查。一轮结束，双方互换角色（图5–5）。

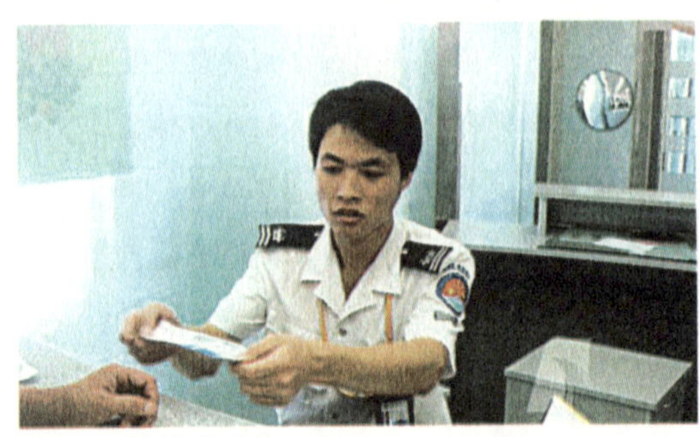
图5-5 情景式面试

（四）综合式考核

考官通过多种方式对考生的综合能力进行考察，如在考察考生的外语水平时，考官会用外语与其交谈，或让考生现场翻译一份外文资料，进行即兴演讲等。

（五）隐蔽式面试

这是一种特殊的面试方式，考官通过暗中观察考生的言行举止来决定对其的评价。因考核的隐蔽性让考生放松了警惕，更能观察考生在自然状态下的真实表现。

▶你被录取了

小磊顺利闯关，来到了最后的复试环节。考生逐个走进面试场，在考官身后的墙壁上张贴着一张大大的告示：“每人只有三分钟的时间，请勿超时”。面对如此紧张的时间，考生们为了能向考官充分展示自己，一个接一个络绎不绝地向考官介绍着自己的专业背景、取得的证书、具备的能力等，即使在此期间考官桌上的电话铃声（图5–6）一次又一次地响了起来，也没有人愿意中断自己的介绍和展示。

图5-6 面试中电话声不停地响

轮到小磊时，电话铃声再一次响起来，小磊想：也许拨打电话的人有很重要的事情，比起自己的面试可能更加紧急。于是他接起桌上的电话，双手递给了考官，考官拿过电话，微笑着对他说："恭喜你，你被录取了。这是我们特意安排的现场测试，我们相信你一定是一位能顾全大局的人。"

（六）无领导小组讨论

无领导小组讨论是由考生围绕考官给出的一个问题展开讨论，考官坐在一旁或四处走动，观察每一个考生的发言，当场有效地评估考生的领导才能、人际交往能力、协调控制等能力的一种测评方法。近几年越来越多的企业开始采用这种面试方式（图5–7）。

图5–7 无领导小组讨论现场

▶沙漠求生记

八月上旬的一天上午十点钟，你乘坐的飞机迫降在美国亚里桑纳州索纳拉大沙漠中。飞行员已经遇难，其他人均未受重伤，机身严重破坏，可能会着火燃烧。飞机迫降地点距离原定目标位置100公里左右，在大约80公里以外才有村落。沙漠里偶见一些仙人掌，日间温度约45℃。你们穿着T恤、短裤和教练鞋，每个人都带有手帕（图5–8）。

图5–8 沙漠

飞机即将燃烧，机上有15件物品，性能良好，按照这些物品的重要性进行排序，如果只能抢救出其中的5项，你会选择什么？

①手电筒（4节电池大小）；②迫降区的地图；③每人一公升水；④降落伞（红白相间）；⑤每人一副太阳镜；⑥指南针；⑦手枪（6发子弹）；⑧书：《沙

漠里能吃的动物》；⑨塑料雨衣；⑩每人一件外套；⑪1升伏特加酒；⑫急救箱；⑬折刀；⑭一瓶盐片（1000片）；⑮化妆镜。

要求：

首先是个人单独将这些物品按对你生存的重要性排序，不得与其他人讨论，时间为5分钟。

然后与小组其他人员进行讨论，并得出小组一致意见，时间为30分钟。

最后由小组选拔出的发言人进行陈述，其他成员进行补充，时间为10分钟。

二、面试也有艺术

图5-9　候考区

（1）在候考区等待时，不要高谈阔论和大声接打电话，随时保持好正确的坐姿和良好的职业形象。对任何人说话都要有礼貌，谈吐谦虚谨慎，举止文雅大方。等候区的表现也可能就是你的一道面试题，面试考官可能会通过安装在等候区的摄像头对面试者进行考核，有的面试单位也安排工作人员穿着便装在等候区对应聘者进行观察。因此，考生要时时注意自己的言行举止（图5-9）。

▶意想不到的垃圾

某单位招聘，面试时许多人自信满满走进去，又都垂头丧气走出来。后来一位应聘者走进去，一名考官递给他一个纸团，对他说："这是你在外面等候区候考时捡起来丢进垃圾桶的那个纸团，现在你打开它，看看里面的字"。他打开一看，纸上写着：恭喜你被录用了！

原来，这个纸团是考官故意丢弃在候考场用来考核应聘者素质的（图5-10）。

分析：面试不分场内场外，不要以为自己在候场区，并未开始面试，又没有考官在场，就可以对身边的一些事情视而不见、随心所欲，也许你的成败就取决于你在场外的一句话、一个表情、一个动作。

图5-10　候考场的垃圾

（2）对于考官提出的问题，不要急于回答，更不要打断考官的问话甚至抢话，思考几秒后再作答（图5–11）。回答时语速适中，抓住问题的关键点，条理清晰、切勿跑题，答案要点尽量与应聘岗位工作挂钩。如果没有听清提问可以请求考官再次重复一遍；如果不知如何作答应该如实告知，不要默不作声或答非所问；如果在应答中考官突然打断你，并从中间及你其他问题，不要表现出紧张和惊讶，迅速组织回答要点，要与之前自己提到的内容相互照应，避免前后矛盾。

图5–11　打断考官，滔滔不绝是让考官反感的行为

（3）眼睛是心灵的窗户，在面试过程中，要与考官有眼神的接触，这既是礼貌的交流，也是自信的体现。与考官目光相对时，眼神不要慌忙躲闪，自然地对视几秒后，再转向其他考官，如果回避，会让人认为你胆怯、不自信，甚至是傲慢无礼。如果正视考官的眼睛会使你感到紧张，那么可以把目光转移到考官的额头或鼻梁处。大部分时间我们的眼睛应注视向自己发问的主试者。假如有几个考官同时在场，表情和眼神要恰到好处的顾及每一个人，以免给考官留下“厚此薄彼”的印象（图5–12）。

图5–12　面试时要与考官有眼神的接触

（4）随时保持笑容。进入面试场，我们应该一直保持自然的微笑，微笑是一种渲染剂，他能拉近人与人之间的距离，让考官对你产生好感并注意你。尤其是民航从业人员，亲和力是非常重要的因素，即使是当其他人在回答问题时，我们在一旁也仍然要保持微笑，不要认为考官现在没有关注你，事实上，考官一直在关注每一个考生的些微变化（图5-13）。

图5-13 保持自然的微笑

三、你知道考官将如何“刁难”你吗

面试可以考核应聘者的多种素质，考核内容因不同的用人单位对人员的要求不同而各有侧重。多年来用人单位对人才的要求不断提高，面试的难度也在增加，但综合起来，大致涵盖以下方面:

（一）自我介绍

自我介绍几乎是所有面试的必考题，有时考生的问题就是从其自我介绍中引出的。在介绍时，内容要与个人简历相一致，切中要害，不谈无关、无用的内容。时间不要过长，中文以1分钟为益，中英文一起控制在2分钟左右。尤其不要背诵从网上摘抄下来的自我介绍。这种介绍可能语言华丽，但听起来不真实，不能够在如此短的时间里突出自己的优点，让考官记住自己，而且还很可能与其他考生“撞语”。在做自我介绍时，我们要讲明自己的专业、优势、工作经历等，要尽量与面试岗位的工作有联系。

▶我的才艺秀

在面试中，考官常常会根据你的简历内容或自我介绍内容来提问。对于有特长的应聘者，如果条件允许，往往会要求现场展示。例如特长是舞蹈，那么我们应当在面试前就准备好现场展示的内容，并多次练习。当考官提出特长展示时，我们才能够沉着应战，为自己的面试加分（图5-14）。反之，手足无措，会给考官留下应变能力差甚至是撒谎的嫌疑。

图5-14 才艺展示

（二）专业水平

对专业知识的提问，可以直接了解考生掌握的专业知识的广度和深度以及其具备的专业能力是否符合面试岗位的要求。这就要求我们在平时的学习中要打下扎实的专业基础。

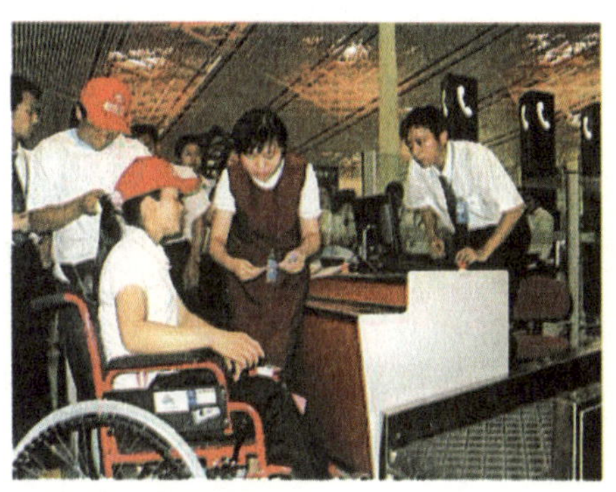
图5-15　特殊旅客

例如，哪些旅客属于特殊旅客？

答：特殊旅客分为重要旅客、无成人陪伴儿童、孕妇、老年、旅客、盲人、聋哑人旅客、病残旅客、轮椅旅客、担架旅客、遣返旅客、醉酒旅客、犯人等（图5–15）。

（三）人际交往能力

考官会通过询问考生喜欢与哪种类型的人相处、参加过哪些活动、在社交活动中扮演什么样的角色、在工作中出现与上级意见不一致的情况时怎么办等问题，来了解考生的人际交往能力（图5–16）。

图5-16　人际交往生活圈

问：你的朋友怎么评价你？

其实考官问这一问题的目的是想从侧面了解你的性格和人际交往能力。我们可以回答：我的许多朋友都认为我是个值得信赖的人，因为我答应的事情就一定会做到，如果没有把握，就不会轻易承诺。

名言警句▼

一个人的成功15%是由他的专业技术，而85%是靠人际关系和他的做人处世能力决定的。

——卡耐基

（四）工作态度

考官常会通过询问考生对学习、生活、工作所持的态度，来了解其对报考职位的态度及责任心。对什么事都持无所谓态度的人在未来的岗位上也不可能兢兢业业、认真负责的（图5–17）。

问：你认为一名值机人员最大的挑战是什么？

其实考官问这一问题的目的是想了解考生对工作所持的态度，因此我们可以从服务态度、服务技巧等方面入手。如：我认为作为一名值机人员最大的挑战是对良好服务态度的持之以恒的保持，记得在《the best service》一书中看到："服务很简单，甚至简单到荒谬的程度，但是要持之以恒地提供高水平的服务真的很难。"

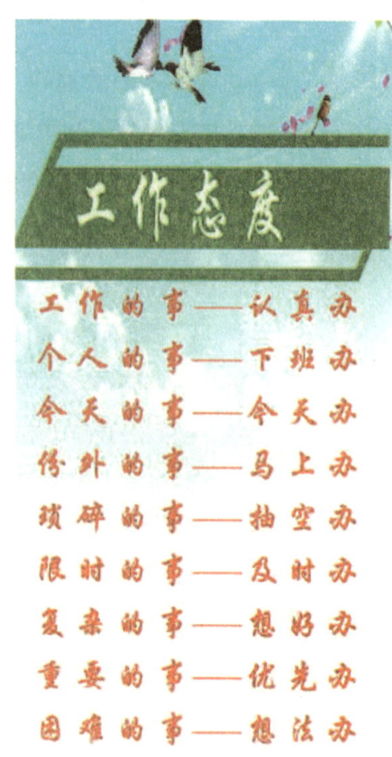

图5-17 工作态度

（五）情绪控制能力

自我控制能力对于民航服务人员尤为重要，我们面临形形色色的旅客，尤其是在航班延误或取消时，部分旅客不理解，常会出现一些过激行为，这时更需要我们的民航从业人员控制好自己的情绪，积极、冷静处理好突发状况（图5-18）。

图5-18 控制情绪，冷静处理

问：如果在工作中上遇到不讲理的客人你会怎么做？

考官问这一问题的目的是想了解考生在遇到问题时能否容忍旅客行为、克制自己情绪、理性处理问题，会不会因自身情绪波动而影响工作。"我会首先从自身找原因，我相信没有不讲理的旅客，只有不到位的服务。如果遇到这样的旅客，我更要热情和蔼，耐心倾听他的抱怨，主动与他进行沟通，让他感受到我们的诚意和对他的理解，努力化解矛盾，积极挽回公司形象。"

（六）应聘动机

你为什么喜欢这个工作？谈谈你的职业规划？你的理想是什么？等等，这些问题常被考官用来了解应聘者的求职动机和职业稳定性。所谓"知己知彼，百战不殆"，在面试前了解用人单位的基本情况显得尤为重要。考官在考察你的求职动机时很可能会涉及："请你谈谈你对我们公司有哪些了解？"如果应聘者对用人单位不熟悉，无从回答，考官会怀疑你的诚意；如果求职者能对面试单位情况事先做好充分了解，能结合企业文化、管理制度来谈，那么考官会觉得应聘者动机明确，做事有准备，应聘态度端正，那么胜算就大多了（图5-19）。

图5-19 应聘动机

▶你可以走了

为了迎接今天的面试，李华早早地做了各项准备，无论是个人简历还是穿着打扮，都是他精心准备好的。心理状态也调整到了最佳，可以说对于今天的面试，他充满信心，志在必得。

图5-20　真尴尬!

在面试的一组人中，李华引起了考官的注意，考官连问了他两个问题，他都对答入流，考官对此很满意。眼看面试即将接近尾声，考官突然问："你对我们机场有什么了解？"，李华一下愣住了，过了好一阵，他尴尬地回答："对不起，我还没有来得及去关注…"主考官遗憾地说："好了，你可以走了。"（图5-20）

面试中，考官常会涉及一些与本企业相关的提问，因此面试前对面试单位进行深入细致的了解是非常重要的。如果对面试单位知之甚少或一无所知，那自己将处于被动局面。考生可以通过网络、内部资料、广告、报纸等途径查找该企业的相关资料，对面试单位和求职岗位有一定的了解，也可向学校老师或者就职于该企业的学长学姐询问，还可以亲自进行实地考察，切身感受该企业的工作氛围、企业文化、员工状态等。在面试时让考官感受到你的诚意，拉近彼此距离，对于成功面试有很大帮助。

（七）心理素质

"我们听说你在校期间表现一般，与很多同学都相处得不好""我们认为你不符合我们的要求""我们认为你缺乏经验，不能胜任这个工作"……千万不要因为考官突如其来的这些问题把自己打懵，显得手忙脚乱，急于去辩解和争论，事实上这极有可能是考官给我们设的一个"圈套"，目的是观察我们对突发事件的心理承受力和应变能力（图5–21）。

在了解了考官的用意后，我们更要从容淡定。例如，对于第一个问题，我们可以这样回答："首先我非常感谢您对我的关注，虽然我不明白为什么有人这么评价我，但我知道自己不是一个十全十美的人，还有很多方面需要改进和提高，我也一直在努力争取做到最好。我的性格热情、开朗，与老师和同学都保持着良好的人际关系，我也多次参加各种义务活动，希望能为需要的人提供帮助。我非常渴望能将我的积极乐观的人生态度和工作热情带到未来的工作中，能为每一位旅客提供更加优质的服务。不论别人对我的评价怎样，我都希望考官您能给我一个机会，让我用实际行动来证明自己"。

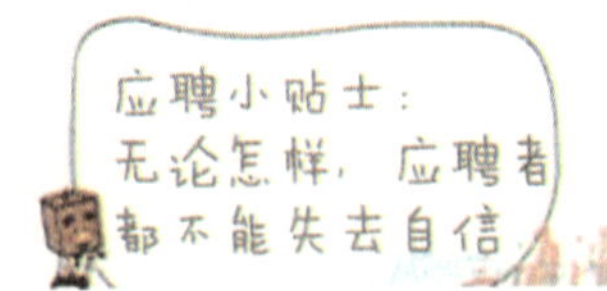

图5-21 心理素质

▶反败为胜

考官问：你受过挫折吗？如果有，你能阐述一下吗？

考生答：受过挫折。进入大学后，我非常努力地学习英语，但在大二时参加的英语四级考试中，却只考了××分。我很失落和沮丧，我客观地总结了自己考试失败的原因，主要是听力失分太多，这与我来自农村，英语基础差有关，平时又只重视单词和语法，忽略了全方位地提高英语水平。在找到问题后，我重新按照英语的听说读写全面发展的规律来学习，经过一年的努力，我终于在大三时考取了我梦寐以求的英语四级证书。

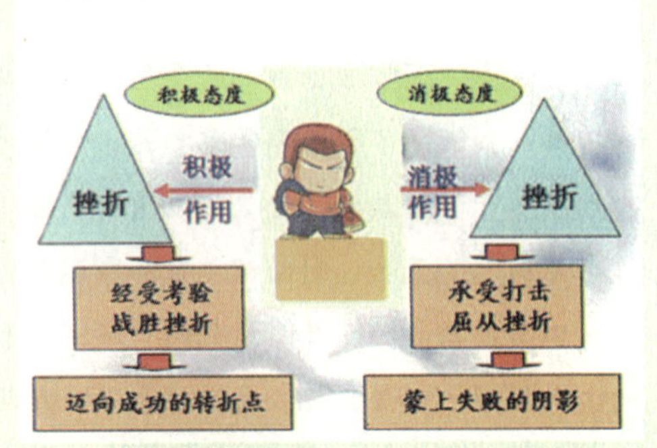

图5-22 挫折具有两面性

分析：没有人是一帆风顺的，我们每个人都会遇到挫折和困难，所以绝不要说自己很幸运，从未受过挫折等等。如何正确面对挫折和失败才是关键所在，也是考官提问的真正目的（图5-22）。

（八）外语水平

民航作为对外交流的重要窗口，几乎任何一个岗位都离不开外语。伴随民航改革的深化，民航各个岗位也先后建立了与之相适应的岗位英语标准与测试。外语尤其是英语水平已经成为民航人员的基本素质之一，要求每一个民航人都能熟练地运用英语，对民航专业英语也必须驾轻就熟、运用自如（图5–23）。

图5–23 流利的外语是与乘务沟通的桥梁

因此，在民航岗位招聘面试和笔试中，英语水平的考核几乎成了必考内容（图5–24）。

图5–24 英语面试

例如：Describe your personality?（你能描述一下你自己吗？）

I am active and naturally kind–hearted. I like to take care of the people around me. When my friends need help，I will do my best to help them without considering gains and losses. And I have strong sense of responsibility without giving up easily. I also like to challenge consistently to make further progress.（我有着积极的人生观，生性善良，喜欢照顾身边的人，朋友需要帮助，只要我能做到的都会不计得失地去伸出援手。而且我责任心强，不会轻易放弃，再加上喜欢挑战难度，所以我觉得我是个不断要求进步的人。）

除此之外，还经常出现：Please introuduce yourself in English. How would your friends describe you? What is your strongest trait（s）and weaknesses? Do you like making friends? Why do you enter the examination for our company?等等问题。在英文答题时，一定要用词准确，发音标准，以免闹笑话和词不达意，要特别注重英语的口语表达能力。

外语水平的高低很大程度上影响着我们的职业生涯，英语能力强和会多语种的考生常常受到用人单位的青睐。例如，在空乘人员的选拔面试中，各大航空公司在招聘时都明确提出对英语水平的要求，不符合要求的考生只能被拒之门外，而外语水平好的学生则更能过关斩将，还可以报考外航国际空乘。对于外语能力强的国内乘务员也能在较短的时间内就飞国际航线。

▶你想成为外航国际空乘吗？

近年来，随着中国经济的腾飞，各大城市开通的国外航线越来越多，接二连三的外国航空公司到我国招收既懂英文又懂中文的空乘人员。目前，来华招聘的外航有阿联酋航空（图5-25）、新加坡航空（图5-26）、卡塔尔航空、全日空航空、大韩航空（图5-27）、德国汉莎航空、英国航空、荷兰皇家航空、法国航空、美国西北航空等10多家航空。外航薪酬福利：外航国际空乘的工资一般每月2万元人民币左右，年薪在20万元～25万元之间。以阿联酋航空公司为例，月基本工资折合为人民币约8000元，每月飞行可达80～100个小时，每小时飞行费100元；到达飞行目的地后，还会有驻外补贴。这样算下来，一个月的收入在2万元左右，而且不需要上税。在每个财政年度结算后，外航还会根据盈利情况给空乘人员发放奖金。

图5-25　阿联酋航空空乘图

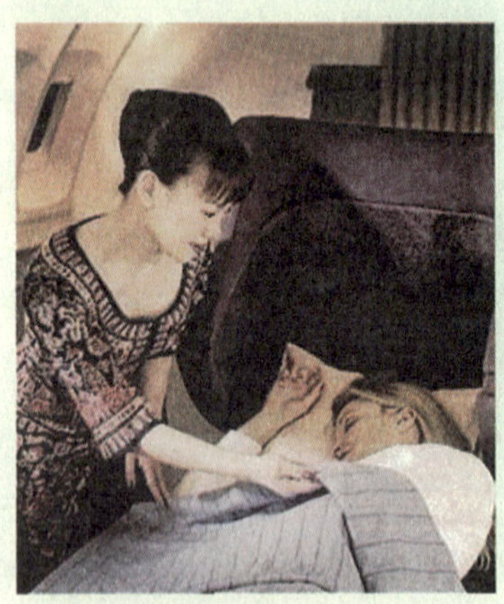
5-26　新加坡航空空乘

图5-27　大韩航空空乘

每年空乘都会有公司提供的30天左右的带薪年假，可以集中或者分开享受。除此之外，公司还为本公司空乘每年提供一套免费机票，空乘可以自由选择目的地。还可享受公司给予的本人及直系亲属机票优惠和协议酒店优惠的政策。

航空公司还为每位空乘都提供了医疗保险、人身意外保险以及社会保险。阿联酋航空公司为空乘提供了覆盖全球的医疗保险，不管在哪个国家生病了，都会得到免费的治疗，并且还可以让医生上门问诊。

根据航空公司所在国家的不同，外航国际空乘的工作合同一般为3年起签，经验越丰富者续签年限越长，只要身体符合要求，可以飞行到55岁。

领略世界风光：作为一名国际空乘，不仅能与不同国籍的同事一起工作，结交世界各国的朋友，还能周游各国，领略世界风光，增长见识、开阔视野，丰富自己的人生阅历（图5-28、图5-29）。

图5-28　英国

图5-29　荷兰

求职是一个经验积累的过程，不可能通过一次面试就掌握面试的诀窍。对于缺乏丰富求职经验的我们，要想做到思维敏捷、条理清晰、自信大方，事先就要多进行模拟训练，最直接有效的方式是多参加实际面试，从实战中积累经验，尤其在面试失败后更要正视自己存在的问题，找到解决的方法，有了失败的经历，才知道如何更好地准备下一次面试。

第二节
运筹帷幄　决胜笔试

笔试，这个话题对于从小到大“身经百战”的大学生来说是再熟悉不过的了，但是求职应聘中的笔试与我们的中考、高考这些选拔性考试是完全不同的，它具有自身的特点，所以了解应聘中的笔试相关知识是非常必要的。

民航企业在招聘员工时，笔试是一种常见的考核方法，它也常作为面试的一种辅助手段。主要用来考核考生的基础文化知识、专业水平、心理状况、思维方法、分析问题和解决问题的能力等综合素质。由于笔试具有规范性和客观性，因此是一种相对公平的考核方式（图5-30）。

图5-30　笔试现场

一、笔试你准备好了吗

（一）复习专业知识

巩固所学过的专业课程知识、复习面试岗位所需要的专业内容是笔试准备的重要内容。有些学过的知识可能已经淡忘，经过简单的复习，可以恢复记忆。还可以从各种渠道了解该企业笔试的侧重点和往年真题，做到心中有数，才能有的放矢，事半功倍。

名言警句

学而实习之，不亦说乎？
温故而知新，可以为师矣。

——孔子《论语·学而》

（二）拓展知识面

由于笔试题内容多样，涉及范围广，出题存在一定的随意性，也更能测试应聘者的真实水平。因此，我们不仅要打下扎实的专业知识基础，还要学习政治、经济、历史、地理、法律等各个领域的知识，同时也要多了解热点新闻和社会前沿，知识积累得越多，做题也就越能得心应手。可以常做一些模拟题，找到答题的思路，提高答题速度，提前了解自己知识结构的强项和弱项，有重点地扩展知识面（图5–31）。

图5–31　拓展知识面

（三）保持良好状态

在参加考试的前一天一定要保持足够的睡眠时间，保证考试当天有充沛的精力和良好的状态，避免精神不振、反应迟钝；临考前，放松心情，相信大家实力相当，并且自己已经做了充分的准备，不要给自己过大的压力（图5–32）。

图5–32　保持良好状态

（四）服从安排　遵守规则

按座位号找到自己的就坐位置，不要与他人私调座位。如因特殊原因，座位有碍考试需要调整时，一定要礼貌地向监考人员提出。听从监考人员的安排，主动上交与考试有关的物品，如手机、复习资料等，以免发生不必要的误会（图5–33）。

图5–33　诚信考试，遵守规则

听清监考人员对试卷的说明，不要仓促答题，未发出答题口令前不得答题。开考后，独立答卷，诚信考试，切勿交头接耳、东张西望，要遵守考试规则。

（五）圆满答卷

拿到试卷后首先认真填写好自己的姓名、考号等基本情况，以免白白做了一名“无名英雄”。然后快速地浏览试卷，以了解题量和难易程度，便于掌握答题的速度。答题的顺序应由简入难，切勿被难题所困而耽误时间。答题结束，再次对试卷进行详细检查，防止漏答。对于不确定的智力测试和心理测试题，最好的方法就是相信自己的第一感觉，另外还要注意字迹工整、卷面整洁，字迹难以辨认会直接影响你的考试成绩。

二、笔试内容

（一）知识面的考核

对知识面的考核，主要是一些基础知识、常识性知识、通用性知识的考核。难度不大，许多内容都是在初高中阶段所学习过的，但涉及范围广，考察的是考生知识积累程度，指望临时抱佛脚是无济于事的。这就要靠我们平时多读书，多记忆，多思考，从而丰富我们的知识量，对各个方面都有一些认识和了解。对知识面的考核通常包含了以下这些部分：

文学类，如：

《三国演义》的作者是（　　）

A. 罗贯中　　B. 曹雪芹　　C. 施耐庵　　D. 吴承恩

▶四大名著之《三国演义》

图5-34　中国古代四大名著

罗贯中的《三国演义》与曹雪芹的《红楼梦》、施耐庵的《水浒传》及吴承恩的《西游记》并称为我国的四大名著（图5-34）。

《三国演义》全名《三国志通俗演义》，元末明初小说家罗贯中所著，为中国第一部长篇章回体历史演义的小说，中国古典四大名著之一。以描写战争为主，反映了魏、蜀、吴三个政治集团之间的政治和军事斗争，大致分为黄巾之乱、董卓之乱、群雄逐鹿、三国鼎立、三国归晋五大部分。在广阔的背景下，上演了一幕幕波澜起伏、气势磅礴的战争场面，成功刻画了近五百个人物形象。其中曹操、刘备、孙权、诸葛亮等人物形象家喻户晓，这部作品对后世产生了极其深远的影响。

政治经济类，如：

价值规律作用的表现形式是（　　）

A. 商品价格围绕价值波动　　　　B. 商品价格总是高于价值

C. 商品价格往往高于价值　　　　D. 商品价格经常低于价值

解析：供不应求时，价格高于价值，供过于求时，价格低于价值。商品的价格因供求关系的变化围绕价值上下波动。

地理类，如：

下列不可能出现的天文现象的是（　　）

A.月全食　　B.日全食　　C.月环食　　D.日环食

▶天狗食月

图5-35　天狗食月——月食

我们知道，月球是地球的卫星，围绕着地球旋转；同时，地球又带着月球围绕太阳旋转。日食和月食就是这两种运动产生的结果。日食，又作日蚀，在月球运行至太阳与地球之间时发生。这时对地球上的部分地区来说，月球位于太阳前方，因此来自太阳的部分或全部光线被挡住，看起来好像是太阳的一部分或全部消失了。日食分为日偏食、日全食、日环食。观测日食时不能直视太阳，否则会造成失明。

天狗食月是古人对“月食”这一天文现象的简称（图5-35）。当地球位于太阳和月球之间，且三球基本上在一直线上时，会发生月食。由于地球的直径比月球大的多，月球轨道在地球的本影下，所以月食只有月全食和月偏食，没有月环食。

历史类，如：

洋务运动是近代中国的一场自强运动。下列不属于洋务运动的是（　　）

A. 创办军工企业　　　　B. 实行君主立宪制

C. 办军事学堂　　　　D. 派遣留学生

解析：洋务运动是地主阶级发动的一场以“富国强兵”为目标的改良运动，其根本目的是为了维护封建专制制度，没有也不可能提出实行君主立宪制。

法律类，如：

中华人民共和国（　　）在法律面前一律平等。

A.人民　　B.公民　　C.广大人民群众　　D.各族人民

解析：本题考查宪法。根据《宪法》第33条：“凡具有中华人民共和国国籍的人都是中华人民共和国公民。中华人民共和国公民在法律面前一律平等。”

其他类常识，如：

被誉为“电话之父”的是（　　）。

A.摩尔　　B.爱迪生　　C.贝尔　　D.法拉第

▶电话之父

亚历山大·格雷厄姆·贝尔是美国（英国裔）发明家和企业家（图5-36）。贝尔出生在英国一个声学世家，后移居美国。在波士顿曾开办过增益聋哑人教师的学校。由于职业上的原因，他研究过听和说的生理功能。后受聘为波士顿大学声音生理学教授，1873年，他辞去教授职务，开始专心研制电话。要研制成电话，先要把声音信号变成电信号，再把电信号变成声信号，在贝尔之前，已经有不少人在研究这个问题。1875年贝尔在工作中看到电报机中应用了能够把电信号和机械运动互相转换的电磁铁，这使他受到了启发。贝尔开始设计电磁式电话。他最初把音叉放在带铁芯的线圈前，音叉振动引起铁芯相应运动，产生感应电流，电流信号传到导线另一头经过转换，变成声信号，随后，贝尔又把音叉换成能够随着声音振动的金属片，把铁芯改作磁棒，经过反复实验，制成了实用的电话装置。

图5-36　贝尔

1876年，贝尔获得了美国的电话专利，他不仅发明了世界上第一台可用的电话机，而且创建了世界第一家电话公司。被世界誉为“电话之父”。此外，他还制造了助听器；改进了爱迪生发明的留声机；他对聋哑语的发明贡献甚大；他写的文章和小册子超过100篇。

（二）专业能力考试

民航专业知识的考试主要是考核我们在校期间对自己所学专业知识的掌握程度，能否达到岗位所要求的专业水平。试题专业性很强，例如针对民航地勤岗位的考题：

上海浦东国际机场的三字代码是（　　）

A. CTU　　B. PEK　　C. CAN　　D. PVG

▶机场三字代码的来历

机场三字代码简称“三字代码”，由国际航空运输协会（International Air Transport Association，IATA）制定。IATA对世界上的国家、城市、机场、加入国际航空运输协会的航空公司制定了统一的编码。在空运中以三个英文字母简写航空机场名，称“机场三字代码”或“三字代码”。这些代码是没有意义的。一般原则是先注册，先使用。如CTU:成都双流国际机场；PEK：北京首都国际机场；CAN：广州白云国际机场；PVG:上海浦东国际机场（图5-37）。

图5-37　上海浦东国际机场

（三）智商测试

智商测试主要是对应聘者的逻辑思维能力、分析归纳能力、记忆力以及对于新知识的学习能力的测试。智商测试主要有以下三类。

第一类是图形识别，比如一组图形，让应试者指出其相似点和和不同点，如：

仔细看下图（图5-38），找出这组图片中有几处不同点：（　　）

A. 4　　B. 5　　C. 6　　D. 7

图5-38　图形比较

解析：这组图片中有4个不同点，分别在嘴部、衣服、花和光线。

第二类是计算题，主要测试应聘者基本的计算能力和对数字的敏感程度，比如给你一组数据，让你算出下一个数字是什么，而这类题都有规律可循，如：

仔细观察规律，选择合适的数字：2，6，12，20，30，（　　）

A. 38　　B. 42　　C. 48　　D. 56

解析：相邻两数的差值组成4，6，8，10的偶数数列。因此可知空缺项应为30+12＝42。

第三类是逻辑推理题，主要测试应聘者的逻辑思维能力，包含类比推理、顺序排列、演绎推理等题型，如：

妈妈：外婆

A. 爸爸：外公　　B. 儿子：妈妈　　C. 奶奶：妈妈　　D. 侄子：爸爸

解析：妈妈与外婆构成直系血缘关系，由此判断，只有B项符合。

知识链接

▶骑士与无赖

从前有一个地方，只有两种人，骑士（图5-39）和无赖。骑士说真话，无赖说假话，但从外表上看不出什么分别。一个学者遇到两个人，甲和乙，他问甲：“你们两个当中肯定有一个骑士？”甲说：“没有”。请你判断甲和乙分别是（　　）。

A. 甲是骑士，乙是无赖

B. 甲、乙都是骑士

图5-39　骑士

C. 甲是无赖，乙是骑士

D. 甲、乙都是无赖

（四）心理测试

心理测试是用人单位要求应聘者完成事先编好的标准化量表或问卷，用来判定其心理状态或个性差异的方法。有的单位也常用它来测试应聘者的求职动机、个性、态度、智力等心理素质。例如：

如果你的上司脾气很急，批评下属不留情面，大家的情绪经常受到影响，作为下属，你会怎样看待和处理？（　　）

A. 与其他同事一起商量，联名建议领导改变领导方式

B. 直接找上司谈话，建议其改变领导方式

C. 私下找领导沟通，婉转请求其注意自己的态度

（五）英语测试

在面试中，有英语口语的测试；在笔试中，也有英语笔试的考核，有考查语法、词汇的基础性英语试题，如：

The old man was hurt______in the accident。（　　）

A. ill　　B. badly　　C. bad　　D. well

解析：那老人在事故中严重受伤。副词badly修饰谓语动词was hurt。

也有民航专业英语试题，如：

Staff：May I have your______?（　　）

Passenger：Yes，it is CA3193.

A. flight number　　B. passport

C. ticket　　D. name

解析：对话发生在机场（图5-40）。翻译：工作人员问：请将您的航班号告诉我？旅客回答：航班号CA3193。这里应选择flight number（航班号）。Passport是护照，ticket是机票，name是姓名。

图5-40　乘客在柜台办理登机手续

▶世界知名企业部分经典笔试题

（1）烧一根不均匀的绳，从头烧到尾总共需要1个小时。现在有若干条材质相同的绳子，问如何用烧绳的方法来计时一个小时十五分钟呢？

（2）你有一桶果冻，其中有黄色、绿色、红色三种，闭上眼睛抓取同种颜色的两个。抓取多少个就可以确定你肯定有两个同一颜色的果冻？

（3）如果你有无穷多的水，一个3公升的提桶，一个5公升的提桶，两只提桶形状上下都不均匀，问你如何才能准确称出4公升的水？

（4）为什么下水道的盖子是圆的？

（5）一只蜗牛从井底爬到井口，每天白天蜗牛要睡觉，晚上才出来活动，一个晚上蜗牛可以向上爬3尺，但是白天睡觉的时候会往下滑2尺，井深10尺，问蜗牛几天可以爬出来？

（6）在太平洋的一个小岛上生活着土人，他们不愿意被外人打扰，一天，一个探险家到了岛上，被土人抓住，土人的祭司告诉他，你临死前还可以有一个机会留下一句话，如果这句话是真的，你将被烧死，是假的，你将被五马分尸，可怜的探险家如何才能活下来？

（7）27个小运动员在参加完比赛后，口渴难耐，去小店买饮料，饮料店搞促销，凭三个空瓶可以再换一瓶，他们最少买多少瓶饮料才能保证一人一瓶？

（8）有一座山，山上有座庙，只有一条路可以从山上的庙到山脚，每周一早上8点，有一个聪明的小和尚去山下化缘，周二早上8点从山脚回山上的庙里，小和尚的上下山的速度是任意的，在每个往返中，他总是能在周一和周二的同一钟点到达山路上的同一点。例如，有一次他发现星期一的8点30分和星期二的8点30分他都到了山路靠山脚的3/4的地方，问这是为什么？

（9）有两根不均匀分布的香，每根香烧完的时间是一个小时，你能用什么方法来确定一段15分钟的时间？

一、请你思考

在面试中，考官向你提出以下问题，你该怎么回答：

Please introuduce yourself in English.

Why should we employ you?

你的职业规划是什么？

你经常看民航类的报刊吗？对民航业有多少了解？

你认为一名优秀的民航地勤人员应该具备怎样的素质？

二、案例分析

给学校的一封信

某机场到一所航空学院进行专场招聘，本打算招15人，却有80名学生报名参加此次招聘。面试和笔试结束后，却只录用了6人。招聘的负责人鉴于和学校的长期合作关系，临走之前，留给学校就业部门一封信，关于学生被淘汰的原因，信上说：

一是迟到、衣冠不整、竟然忘带相关资料的；

二是在等候区大声说话、行为散漫、没有礼貌的；

三是回答问题过于职业化，有不少内容显然是摘抄网络的。有的人虽然背诵下来了，但思维不清晰、前后矛盾；

四是有的学生在面试过程中显得傲慢、自恃清高；有的学生又表现出自卑、不自信；

五是一些学生对自己没有职业规划，目光集中在对薪资、福利待遇的过多关注上；

六是笔试时向他人借用文具、作弊、交头接耳、东张西望、不诚信考试的，这些行为是我们不能原谅的；

七是笔试成绩太差，显然是学习态度不端正、平时学习用功不够的；

八是部分学生表现优秀，完全可能找到比我们机场更好的职位的。

该院领导读完信，不得不产生一种沉重感。同学们，从此次招聘中你可以吸取哪些教训？

请结合学习内容，对上述案例进行分析，总结出从该次招聘中我们可以吸取哪些教训？

三、行动建议

请收集一些你感兴趣的航空专业招聘笔试题，与同学分享。

第六章

拥有正确的就业心态

引言

人的一生，免不了坎坎坷坷。大凡成功的人，一是怀揣梦想，二是坚定前行。每一个人在学业—就业—择业—事业的奋进中，心态的较量尤为重要。

调整心态，整装出发，你准备好了吗？

第一节
学生就业心态面面观

案例引入

心态——驰骋就业沙场的第一法宝

我是航空学院安检专业的学生熊高峰，回首三年的大学校园生活，有渴望，有追求，有成功，也有失败。在面临就业的那段时间里，我也曾烦躁、困惑。因为学院一直要求我们坚持用“九自”理论引航学习、生活，做现代绅士、淑女，我不折不扣地挑战自我，充实自己，为实现人生价值打下坚实的基础。

在校期间我曾担任班长，学院纪检部部长。面对军事化标准化管理，自由惯了的我同样不习惯。早操、体育、跆拳道、擒拿格斗，倒功，单兵队列动作的强度让很多同学难以承受，很考验意志的（图6–1）。

大概因为我是学生干部的缘故吧，只有咬紧牙关，坚持再坚持，把它当成了一种考验和锻炼自己的机会；在班务和纪检部的各项事务中还最大限度地服务同学、感化同学、帮助同学，在这个过程中我不仅调适了自己的心态，还让快乐和自信在同学间传递。

年底，我成功通过学院校园招聘，进入了××国际机场从事安检工作，一项责任重大而不得有丝毫马虎的工作。我积极工作，主动学习，把学院培养我们的军队作风、灵活机变的能力、理财能力和社交能力运用到了工作中，在很短时间内，就得到了单位领导的充分肯定。

我深深感慨：如果当初我在困惑的时候、难以坚持的时候，没有坚强；没有及时调整自己的心态，也许就不会对学院提供给我们的锻炼和就业机会抱有那么强烈的渴望，也许就不会有这份顺利实现自我价值的第一份工作。

由于我始终保持着积极乐观、自信的心态，在单位的人际关系良好，工作也很顺心。入职三个月后我就被调到了安检VIP通道，目前的生活和待遇各个方面都非常理想。

图6–1　航空学院突出军事化管理特色

我想说，我是比较成功的，而这个法宝便是：心态。

这则案例给了我们一个重要的启示：健康的就业心态能够为就业、职业插上腾飞的翅膀，让民航服务专业的学生更好地决胜就业、决胜职场。

民航服务已经成为高端服务产业，对民航服务人才的要求也越来越趋向综合型、应用型、创新型；求职永远都存在着理想岗位与现实岗位的矛盾，我们难免会出现一些诸如焦虑、抑郁、烦躁、自卑、依赖等负面心理，严重的会引发心理偏差，从而很大程度上影响就业。

正确应对就业过程中的困难、挫折和冲突，端正认识、调整心态、全面把握就业现状、客观地分析自我和现实，从而保持稳定而积极的心态，才是最终达到如愿就业的根本途径。

一、认识就业心态

有关资料表明：民航服务专业大学生普遍缺乏科学的就业心理，是造成就业不如意的重要原因之一。纵观目前民航服务专业大学生的就业心态，主要有以下表现。

（一）变异的就业心态

1. 自卑心理

自卑心理在民航服务大学生的求职中突出表现为总是拿不定主意，过分退缩；对自己外在形象、能力等评价过低；对自己基本能胜任的民航岗位没有信心；不敢主动、大胆地向用人单位推销、展示自己；有的学生在人才济济的面试竞争压力面前产生了畏难情绪（图6–2）。

图6–2　自卑，顶不住的就业压力

小贴士▼

知心姐姐告诉你

客观认识和评价自己，相信自己总有过人之处；就业时超前准备，提升能力；主动向用人单位展示自己；谨记失败就是成功之母，不要害怕失败；多给自己一些积极心理暗示，自己的内心强大了，自己相信自己，用人单位才能相信你。如果连自己都不相信自己，还有谁来相信你呢？

2. 自负心理

自负与缺乏自信相反，表现为过高地评价自己，失去自知之明。有的民航服务专业大学生在自负心理的支配下，就业观念不正确，心理定位偏高，只看到自己的优点，看不到自己的弱点，往往不切实际地追求收入丰厚、社会地位高、福利待遇优越、地理位置好、工作轻松的岗位。而对一般的民航企业或者真正适合自己的岗位，百般挑剔，甚至不屑一顾（图6–3）。

图6–3 我能瞧得起的可不一般

自负心理会导致自己因为孤傲而脱离实际，当就业目标与现实产生很大的反差时，其结果必然会是高不成低不就。看到别人都顺利就业，往往会牢骚满腹，抱怨“上苍不公”、“命运捉弄”，对社会、学校和他人都可能怀有不满情绪；一旦“高不成，低不就”，梦想变成泡影，心理上便出现孤独失落等现象。

▶我欲乘理想“归去”

曾理想是一名空乘专业学生，身材高挑、五官秀丽，有着一口流利的普通话，英语口语能力也不错。她本人的择业意向是：单位地点必须在昆明市，而且必须是月薪5000元以上，每周工作五天，最好是八小时工作制；解决户口，提供单身住房；住房公积金、劳动保险、养老保险等相关支出均由公司负担；每一年能调薪一次；公司不限制个人发展（如考研等）。至于是否是民航岗位，倒可以不考虑。

凭借其良好的职业形象和善于人际沟通的能力，她多次进入了复试。但是用人单位都建议她调整自己的应聘要求。而她却坚持认为自身条件优越，不可能不被“慧眼识珠”。最终，她因坚持自己的意见而未能被录用。直到班里许多同学都已顺利就业，她仍然在寻找心中理想工作的路上徘徊。她开始烦躁不安、怨天尤人……

3. 焦虑心理

焦虑心理主要表现为面临就业，过多地担忧自己的愿望能否实现，用人单位能否选中自己……，精神负担日益加重，心神不宁，由此产生紧张、不安、焦急、忧虑、恐惧等感受交织而成的复杂情绪状态（图6-4）。

图6-4　求职真难

适度的就业焦虑会使人产生压力，这种压力可以增强就业进取心。如果过度的焦虑不能得到及时缓解，就有可能向病态发展，表现出情绪紧张、烦躁不安、注意力不集中、身心疲惫、头昏目眩、心悸、失眠等症状。

小贴士▼

和“焦虑”过招

（1）焦虑源于对压力认识不足。

（2）焦虑源于内心害怕竞争。

（3）深呼吸是化解焦虑症很好的方法。

（4）保持乐观开朗的心情可以化解焦虑和不安。

（5）适度幻想给焦虑换上一片有梦的蓝天。

（6）假如眼前的事情让你心烦紧张，你可以暂时转移对它的注意力。

（7）设法保持良好的、充足的睡眠是预防焦虑的关键。

（8）多看书，学会明智，学会幽默。

（9）健康的开怀大笑是最愉快的发泄焦虑的方式。

（10）运动让焦虑慢慢释放。

4. 依赖心理

依赖心理表现为不愿把自己推向市场参与竞争，而是把希望寄托在父母、亲戚、朋友身上，依赖他们找工作，产生一种非常不积极的求职态度。

图6-5　有山靠山

例如，有的民航服务专业大学生认为家里与某航空公司、某机场有关系，工作肯定不成问题，用不着自己操心（图6-5）；相反，有的认为家里没有关系，而自己的综合素质又不出类拔萃，于是坐等机会，或者自暴自弃，干脆听天由命。前者是将就业希望寄托在关系上，回避竞争；后者则是将自己的就业交给了偶然事件，放弃了竞争。两者的共同之处都源于依赖心理作怪，不能通过主动的就业竞争实现就业。

5. 攀比心理

盲目攀比是民航服务专业大学生普遍的就业心理。无论是薪水、福利、工作条件都能胜人一筹，沉溺于幻想，不切实际，从而引发期望与现实的矛盾；个人价值取向进入误区，盲目与他人攀比。

图6-6 自不量力

在攀比心理的支配下，很容易滋生出嫉妒心理、盲目追求、见异思迁、“这山望着那山高”的就业心理（图6–6）。

6. 急功近利

图6-7 一厢情愿

急功近利表现为急于求成、不切实际、过分实惠，在就业时，一厢情愿地给自己设定了许多“条条框框”若满足不了意愿就不想就业。

例如，“管它专业对口与否，挣钱第一”，“前途前途，有钱就图”，“先挣钱，后专业”，希望“一夜暴富”、“一夜成名”，对用人单位最关注的是“工资高不高，奖金发不发，位子有没有，名声好不好”等，就是对急功近利就业心理的形象描述（图6–7）。

名言警句▼

竭泽而渔，岂不获得，而明年无鱼。

——战国末期商人、政治家吕不韦《吕氏春秋·孝行览·义赏》

塘基不可仓卒而成，威名不可一朝而立。

——西晋史学家陈寿《三国志·魏书·武文世王公传评》

教育是我的事业，我尊重她、研究她，虽然未撇开经济因素，但却是以发展教育为最根本的目的，当然也就希望通过发展教育事业达到无心插柳柳成荫的效果。

——云非先生《教育改变》

▶要对功利心说“NO”

一位空乘专业的女生王美丽，一直想进入某待遇优厚的外航公司当乘务员，但因为她英语口语能力不能达到该公司招聘要求，不能进入该公司。她后来应聘到一个机场VIP接待岗位，出国梦破灭了，于是王美丽就轻易放弃了这次就业机会，加入“失业”一族。后来一直没有找到如意的工作。悔之晚矣。

如果王美丽能调整自己的就业心态，先就业、再择业，人生的路上将会是另一番风景。

读完这个小故事，你受到了什么启发？

此外，民航服务专业大学生面临就业时，还可能存在从众、怯懦、抑郁、为了找工作而找工作等等变异的就业心态。

▶三个建筑工人

一位记者到建筑工地采访，分别问了三个建筑工人一个相同的问题：“你正在做什么活？”第一个建筑工人头也不抬地回答：“我正在砌一堵墙。”第二个建筑工人回答说：“我正在盖房子。”第三个建筑工人的回答是：“我为人们建造漂亮的家园。”

若干年后，记者在整理过去的采访记录时，突然看到了这3个回答，3个不同的回答让他产生了强烈的欲望，想去看看这3个工人现在的生活怎么样。结果令他大吃一惊：当年的第一个建筑工人现在还是一个建筑工人，仍然像从前一样砌着他的墙；而在施工现场拿着图纸的设计师竟然是当年的第二个工人；至于第三个工人，他现在已经成为一家房地产公司的老板。前两个工人正在为他努力地工作着。想当年他们还是同一个工地的建筑工人，而现在：一个是工人、一个是设计工程师、一个是老板。

（二）正确的就业心态

1．自信、积极、主动地寻求就业

自信、积极、主动地寻求就业的民航服务专业大学生面对就业时不是“等、靠、要”，而是积极全面地了解应聘职业领域的现状，心有全局；积极地选择符合自身实际的用人单位“推销”自己，勇于竞争，不畏挫折和失败。

图6-8 盼星星盼月亮

许多资料调查表明：自信、积极、主动是一个人赢得成功的重要因素。自信、积极、主动，能够让自己对行业、职业和自己有更深刻的了解，能够做出科学的就业定位，从而获得更多的就业先机（图6-8）。

▶当前十大就业热门专业

当今世界，科技发展速度一日千里，国际化程度越来越高，就业市场风云变幻，没有人能准确断定，三五年后什么专业会热，什么专业会冷。在解读《国家中长期科学和技术发展规划纲要（2010—2020年）》等重要资料的基础上，对未来几年各大专业的就业前景有了一个比较清晰的认识。

民航相关专业人才供不应求位居第一。查看北京市近7年的人才紧缺专业可以发现，民航类大部分专业毕业生在人才市场上仍然“热销”。中国民航总局在全国民航工作会议上提出：目前国际民航平均人机比是100：1，而我国民航业平均人机比是200：1，到2020年中国将再新增2600多架飞机，民航总局将超过5000亿资金流向机场建设。这意味着，仅以国际民航水平计算，未来20年我国至少需要民航类人才50万～70万人。

图6-9 就业路上的骄子

从高等教育发展来看，近年来民航相关专业发展很快，但仍难以满足用人单位的需求。国内较为品牌的民航学院的人才供给与用人需求之比仍然较低，民航类院校学生就业较好。如四川西南航空专修学院连续三年的就业率达到90%以上等。综合来看，民航相关专业属于未来十年内最有就业保障的专业（图6-9）。

当前除民航相关专业外；就业热门专业排名前四位依次为：经济类专业复合型人才；建筑类专业；外语类 专业（日趋多元）；法学专业（持证上岗已是必然）。

该资料表明：还有机械类专业前沿人才需求依然强劲；医学类专业特殊领域潜力无限；师范类专业区域供求不尽均衡；艺术类专业需求层次不断提升；农林类专业创业环境不断改善。

2. 破除传统的就业观念，实现多元化就业

图6-10　我优秀我成功我自豪

俗话说“到哪山头唱哪山歌”，有着正确就业心态的民航服务专业大学生，会紧随民航业的发展，努力使自己与不断变化的行业、职业环境相适应；摒弃“必须专业对口就业”、“跨岗难有发展”等等陈旧的就业观念。主动适应社会，灵活应对就业压力。

树立多元化就业的意识，能够理性地认识到民航各个岗位都需要有着丰富的人文素养、较强的专业和礼仪社交能力的职业化人才，只要自己足够优秀，不管在哪个岗位，都能够实现自我价值。而不是非空乘岗位、非VIP接待岗位就不应聘等等固执思维（图6-10）。

因此，我们转变就业观念，实现多元化就业，就要力争向一专多能型人才发展，在社会需求和个人追求之间找到一个交汇点。

3. 不盲目追求，正确认识自我

“知人者智，自知者明。自知者自胜，自胜者自强。”民航服务专业大学生正确的就业心态的一个重要方面就是不盲目追求、正确认识自我。

不盲目追求就是不跟风、不从众、不做不切实际的就业行为；正确认识自我就是客观、全面评价和分析自我，能够比较清晰地分清自己想要什么，适合做什么，自己能够做什么以及如何去做（图6-11）。

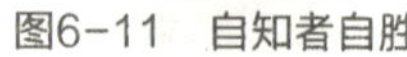
图6-11 自知者自胜

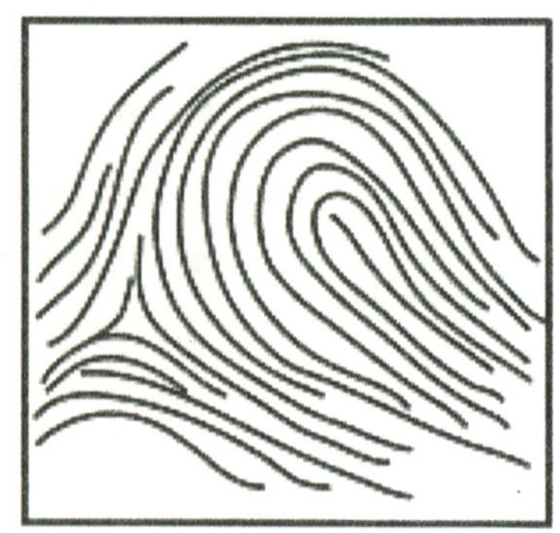
图6-12 直面坎坷

有正确就业心态的民航服务专业大学生往往能够正视现实，正视梦想和现实之间的差距，不妄自菲薄，也不盲目自大；不怨天尤人，能够平和看待成败；不“眼高手低”，盲目追求就业中的高层次、高薪酬，在择业类型和择业区域上去“扎堆”（图6-12）。

因此，我们要树立“人职匹配”的“大众化”就业观，对自己的职业兴趣、爱好、性格、价值观有清晰的认识；对自己有一个明确的定位，包括对自己能力的评价，职业薪资、待遇、长远目标的期望。

▶被应聘撞了一下腰

小赵携带几十份简历去参加招聘会，他想应聘一家知名航空公司乘务员，可该公司半小时就收到100多份求职表。小赵觉得机会渺茫，便又去应聘另一家公务机公司的办公室机要秘书岗位，这个岗位同样应聘者如云。一天下来，小赵的简历全都发出去了，但工作连个影也没有。小赵情绪很低落。

小赵的同学小李在充分了解了几家适合自己的公司后递交了求职表。小赵惊讶地问他为什么能够同时被两家航空公司看上，得以进入复试。他说：“只有适合自己的，才是最好的。”

▶认真做自己

漫画家蔡志忠15岁那年，就带着投漫画稿赚来的250元稿费，到台北画漫画、闯天涯。在他打算到以外制电视节目著名的光启社求职时，只有初中学历的他相信自己的实力，没有被“大学相关科系毕业”这项学历限制而退出应征的行列。结果他击败了另外二十九名应征的大学毕业生，进入了光启社。

以后他在漫画界的表现如异军突起，尤其是“庄子说”、“老子说”系列被译成世界各国文字向国外输出，他也一度成为全台湾纳税额最高的一位漫画家。

他说，“做人最重要的就是要了解自己”。有人适合做总统，有人适合扫地。如果适合扫地的人以做总统为人生目标，那只会一生痛苦不堪，受尽挫折。而他，不偏不倚，就是适合做一个漫画家。他从小就知道自己能画，所以才十五岁就开始画，尽早地画，不停地画，终究能画出自己的一片天空。

能够真切地认识自己，是件多么幸运的事啊！认真做自己，就是一种成功！

4. 超前准备，提高就业素质

图6-13 无缝对接

超前准备，机会总是垂青于那种有准备的头脑。摆正就业心态，提前做好如专业知识和技能、文化素养、职业形象、面试技巧等相关就业准备是提高良好就业素质的一个重要方面；此外，就业素质包含多方面的内容，如主动适应环境、主动竞争，面对各种复杂的就业状况努力去灵活应对等等。在就业过程中，乐观自信、积极进取、善于合作、意志坚强、耐挫力强、善于调节自己的情绪等人格特征有助于保持正确的就业心态，成功就业（图6–13）。

读一读

▶被人际沟通“钉”了一下

招聘单位与求职者小张见面的时候，一位领导递上一支香烟请小张抽，可小张却说：“不抽！不抽！我没有这种坏习惯！”把招聘者单位的领导搞得十分尴尬，在座的人对小张的回答也感到啼笑皆非。

二、调整心态与成功求职

图6-14 面对现实

就业是人生发展中的重大转折点，是民航服务专业大学生从“学生”向“社会人”过渡的重要阶段，科学选择职业，就是在成功铸就未来。在充满竞争和挑战的就业大潮中，就业市场人才的竞争，除了专业、能力等硬性条件的竞争，还有心理调适能力的对决。只有具备良好的就业心态，才能适应变化着的就业市场，找到理想的工作单位。

（一）端正认识，面对现实

图6-15 现代绅士淑女们的自信

现实是客观存在的，包括主体（自身）和客体（社会）。对自己有利有弊，关键是怎样用“利”来消除“弊”。同时也要调整期望值。端正认识就是要正视社会、正视自身，从社会对人才的需求和自身实际出发，调整自己的思维方式和行为方式。

民航服务专业大学生面对的现实就是世界民航业、中国民航业发展的趋势以及对民航人才的要求。民航服务专业大学生必须学会自我分析、自我评价，正确地了解民航发展历史、发展趋势、岗位设置以及用工标准等，善于确定符合自己实际情况的就业单位和岗位；不人云亦云，不相互攀比，不妄自尊大，也不妄自菲薄（图6–14）。

因此，民航服务专业大学生只有努力将自己的专业技能、文化素质、礼仪社交能力、思想道德素质和现代绅士淑女的修为与民航行业、职业、用工标准等等客观实际结合起来，才能科学定位自己，真正实现成功就业（图6–15）。

（二）勇于竞争，积极进取

自古以来就存在竞争，中外皆然。人类从钻木取火、茹毛饮血的社会进化到太空遨游、试管婴儿的时代，其间经历了不计其数的竞争，而社会发展到今天，竞争更加激烈、无处不在。竞争是个人发展、社会进步的动力，如毕业生就业制度的改革本身就体现了一种竞争机制，目的在于培养和强化竞争意识。有句谚语叫“大胆天下去得，小心寸步难行”。居里夫人也说过：“弱者坐待时机，强者创造时机”。作为民航服务专业大学生，更应该紧随民航业迅猛发展的趋势，沧海扬帆、长风破浪。

竞争需要勇气和实力。民航服务专业大学生的“实力”就是：具备扎实的专业基础知识；具备高贵大方的个人气质；具备丰富的人文素养；具备干练的工作作风；具备良好的礼仪社交能力和理财能力。最重要的还需要具备敢于拼搏、积极进取的心理素质（图6–16）。

图6–16　我们已经准备好了

上苍总是眷顾那些内心强大，不畏受挫，善于隐忍的智者。民航服务专业大学生应该勇于竞争，平和看待成败，认识到它是主客观原因共同作用的结果，并非永恒不变，而是可以转化的；保持清醒的头脑，充分认识到积极进取是通向理想目标、成功就业、实现人生价值的必要心理条件。

图6–17　风光无限

（三）适应环境，放眼未来

就业是人生大事，每个毕业生都会认真对待，但由于各种原因，往往部分毕业生未能如愿。有的因专业不对口而短时间内难以适应工作；有的因工作地域偏僻而心生浮躁；有的因单位人际适应困难而苦闷等等，凡此种种，都应该冷静思考，保持清醒的头脑，能够客观面对环境，从长远的发展考虑，放眼未来。

改变能够改变的，接受不能改变的。智者永远都知道改变自己去适应环境，而不是等着环境改变来适应自己或者任由环境改变自己。民航服务专业大学生应该看到民航业的发展对高端服务人才的动态需求，努力提升自己的能力和综合素质，总会有一席自己的用武之地。事物是发展变化的，学会从长远来看待社会、看待自己，不视服务类工作“低人一等”，也不因为自己光鲜的职业而“高高在上”。充分认识到只有自身拥有足够的社会适应与生存能力，做拥有绅士淑女修为的现代人，才能够从社会获取足够的财富用以维持做绅士淑女的生存与尊严（图6–17）。

（四）调整心境，注重体能

民航服务专业大学生和所有大学生一样，面对激烈的社会竞争，面临人生中第一次择业的选择，难免会身心疲惫。心境影响身心健康，体能又关系着是否能够挑战民航高端职位。因此，调整心境，注重体能对成功就业有非常重要的作用（图6–18）。

大量的实践和研究表明：中枢神经系统过度紧张，会使其功能紊乱，诱发种种疾病。如果长时间存在心理矛盾、内心冲突，自身感到压抑愤怒、强烈不满等不良情绪，更易引发疾病。

在紧张劳累的求职择业竞争过程中，民航服务专业大学生有可能受到用人单位的青睐而找到一份满意的工作，也有可能在激烈而残酷的竞争中未能如愿，无论成与败，都要随时调整心境，努力学会自持、自修。

图6-18 西点军校魔鬼式训练

此外，体能在空乘、空警、安检等岗位的应聘中显得尤为重要，培养自己的军事化素质，增强体能、提升执行力和快速反应能力，能够调整紧张情绪、提升自信，在一定程度上促进良好心境的调整。

▶俞敏洪：心态决定未来

找工作对大学生来说至关重要。而毕业后面对找工作应该有怎样的心态？

1. 做好就业准备

大学一二年级是准备阶段，把自己从高中的紧张还原成轻松状态，广泛学习知识，提升综合素质。真正的就业准备从大三开始，要做几件事情：第一，搞清楚毕业后找工作的主要方向；第二，增加通用技能，比如英语水平、电脑操作；第三，积累实践经验。

大学三四年级寒暑假，一定要实习，准备好与人打交道的心态。

2. 放低自己，会走得更高

我把工作分成三个步骤，就业、职业和事业。

什么叫就业？找一份工作，赚自己的钱，经济上独立，这就叫就业。我常问应聘的大学生想干什么工作，答案一般是充满远大理想的，对工资的期望值也太高，而企业很难接受一个没有经验的大学生来做这样的工作。刚毕业的大学生有拿到上万块工资的，也有拿到两千块钱的，后者未必以后不如前者，因为后续的爆发力和工作态度都会决定未来的工资。

有时候我会故意考验大学生，说你想干的这个工作暂时没有位置，但也有一些位置可以干，比如说厕所没人打扫，你愿不愿意暂时先打扫？一般的学生

图6-19 航空学院就业学生群体阳光心态写照

都不会接受，但是若他真接受了，这个人将来可能能成大事。一个能够放低自己的人，通常将来会走得更高。心态决定结果。

所谓职业和就业的区别是，就业可以是能使自己活下去的临时工作，它不一定和你的未来发展方向相关，而职业是你选择干一辈子的行业。

从职业可以慢慢进入事业境界，事业是职业的对外扩展和延伸。就算你事业做失败了，你依然能够回到你的职业上去。

大学生没有工作经验，直接做事业即创业的成功比例相当低，估计有5%的创业能够活下来，能真正做成大器的不到1%。

3. 分享带来资源

分享的心态对大学生就业来说至关重要。中国的独生子女大多缺乏跟别人感情上和物质上平等交往的能力。平等交往和分享心态可以带来一辈子的好处。如果你有六个苹果，选择自己吃一个，另外五个苹果分给宿舍同学，就得到了五个同学的认可和好感，最后你换回的无形资源，比你五个苹果的有形价值要大出不知多少倍（图6-19）。

第二节
带你找到"职业我"

案例引入

小王2011年毕业于某民航飞行学院，本科，空乘专业，英语6级，她一毕业便根据自己的兴趣到了一家公司做了半年的文员，后又跳槽到另一家公司做业务经理。现在又厌倦了这份工作，但是她却不知道自己适合做什么，太差的工作不愿意做，猎头职业她又不行，心中也没有一个明确的目标。如何认清自己，给自己明确的定位？这个问题一直困扰着小王。为此，她开始莫名其妙地烦躁不安，甚至出现了郁郁寡欢、失眠的状况。

上述案例中小王的现象，在我们身边屡见不鲜。问题的所在是因为自我认知模糊，从而出现了无所适从的不健康就业心理。

古希腊哲学家苏格拉底曾提出一个著名的命题："认识你自己"；圣人老子也说过："知人者智，自知者明。"民航服务专业的大学生认识自己，能够清晰地把自己的专业与民航行业、职业、用工标准对接起来，作出科学的职业生涯设计，是为自己定位职业和人生的基础。认识自己是职业生涯中的首修课程。

一、发现自我之旅

每个人都有巨大的潜能，每个人都有自己独特的个性和长处，每个人都可以选择自己的目标，并通过努力去争取属于自己的成功。但是，由于个体在气质、能力、性格等个人特质方面存在着差异，确实存在着与不同职业的"匹配"与"不匹配"的问题。例如，某种性格能让一个人在一种职业环境中获得成功，而在另一种职业环境中却大受挫折等。

认识自我，是自信和职业成功的基础。认识自我就是使自己明白：我喜欢干什么（职业兴趣、爱好）；我能够干什么（职业能力、特长）；我最看重什么（职业价值观）；我适合干什么（个人特质）（图6–20）。

图6-20　人有我优

除此以外，认识自我还要参照自己的生理特征（特殊因素）。对于民航服务专业大学生来讲，认识自我的目标就是在成百上千的民航单位、岗位中，结合自己的专业、个人特质，找到自己的“匹配”点和工作点位。

有一句话说得好：“旁观者清，当局者迷。”说的是认识自己的困难。其实，这句话同时也给我们指明了认识自己的一种方法，就是借助于旁人。除此以外，测量学蓬勃发展，作为一种科学的量化个人特质的手段为我们提供了更多认识自我的方法和途径。

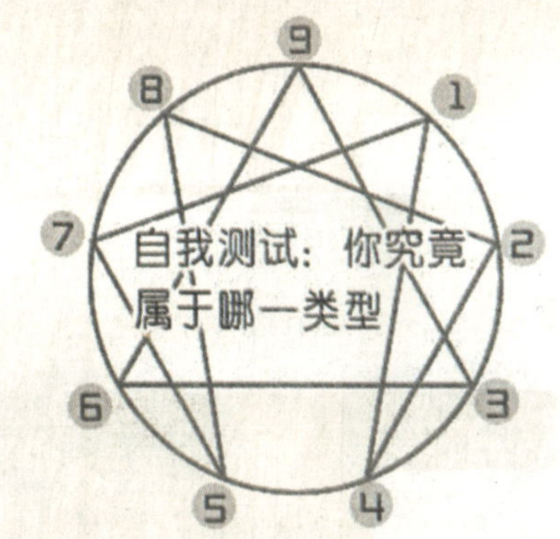

图6-21　认识自我更难

（一）自我测试法

自我测试是一种比较简便经济的自我分析法。个人可以通过心理学家们精心研究编制的测试题目，进行自测。在自测回答问题时，不要考虑别人会怎么认为，别人会怎么想，怎么答才算正确，怎么答才符合社会常理等。一定要凭第一感觉回答问题，按照自己的认知、自己的习惯去答，才有实际意义。如果能够如实回答，通过自我测试法能够大概了解自己（图6-21）。

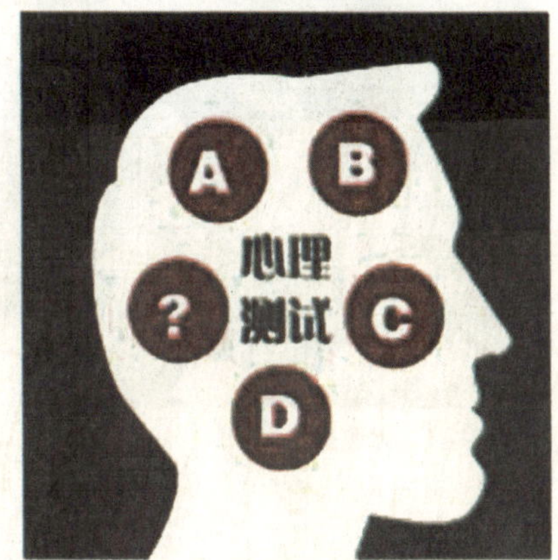

图6-22　科学面前人人平等

值得注意的是，在自测时，不能参照他人的看法或所谓“常理”去回答，否则，自测结果就不能反映自己的真实情况。以不真实的自测结果为基础来分析自我，设计自己的职业发展，将会误导自己，甚至导致事业发展失败。

（二）职业心理测量

很多人在职业生涯设计中，没有通过客观的手段了解自我、分析自我、评估自我，而是依靠直觉或他人的某些片面评价进行决策。这样导致其职业发展走了弯路，遇到了很多职业困扰，从社会角度上来说，更是一种人力资源的浪费。职业心理学家认为，进行职业定位，首先应该从认识自我开始，职业测评是认识自我的一种非常有效的手段（图6-22）。

科学心理学从1879年诞生以来，各位心理测量学家就从多种视角、途径对人的心理特征进行研究，加以判断和测量。

心理测量被广泛地运用于协助做职业决策、挑选公司各级职员、评定从职人员的能力和人格等领域。例如，最近几年越来越多的航空公司或机场在面试的笔试题中都加入了心理测试，甚至直接用心理测试评估应试人员的能力和人格，作为是否入选的参照依据。

据美国心理测量家阿尔伯特的相关研究，最常见、最重要、最具有可操作性的心理测量法至少有以下几种。

1. 观察评估法

观察评估法是在完全自然发生的条件下，对人的外貌、形态、表情、动作行为进行分类对照，做出类别判断，是人们常用的测量方法。它主要用于情绪情感的测量。这种方法是一种低级测量，但实用性很强（图6–23）。

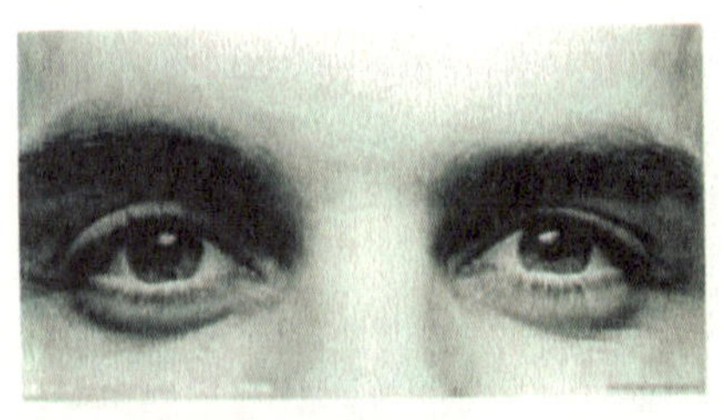

图6-23 借我一双慧眼吧

2. 作业量表法

作业量表法是以作业形式让受试者做出答案，从而测量个体能力水平的一种测量方法。它主要用于各种能力的测量。比纳量表问世以来，这类测验日趋完善，是心理测量科学中较为成熟的一种（图6–24）。

图6-24 以数据说话

3. 心理投射法

心理投射法是通过一组意义不明的刺激物（图片、情景等），让受试者加以解释，然后探知受试者对那些意义不明确的刺激情景进行解释和组构的想法及方式，就有可能推论出有关受试者人格结构的一些问题。它主要用于人格的各侧面测量。常用的投射测验有两种：墨迹测验和主题统觉测验（图6–25）。

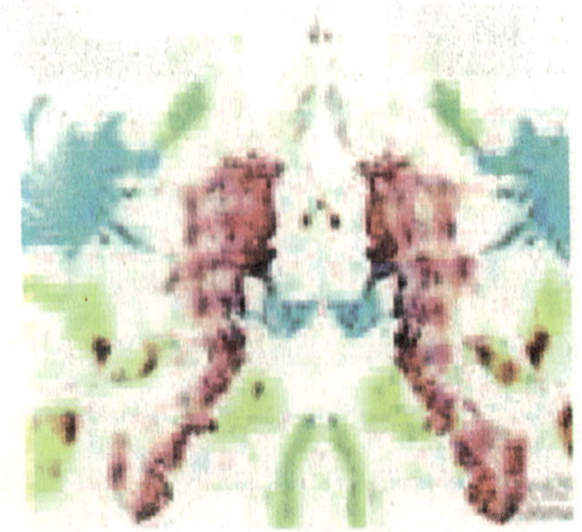

图6-25 心底的秘密也藏不住

4. 自陈量表法

自陈量表法是受试者本人对自己人格特质按自己的主观看法予以评鉴的一种方法。其测量工具常由一定组织形式的问卷和量表构成，用来测试个体的性格、兴趣、能力、价值观、意志品质以及个性倾向等。它主要用于人格的各侧面测量。

5. 心理实验法

依照既定目标，严格控制或引入某种变量，对引起的某种心理现象加以测量的方法。它可以对人的认识水平，如情绪特征、气质、性格进行测量。主要分为仪器测量和情景控制法两种。仪器测量法如微电脑技术、脑化学分析技术、微电极技术等；情景控制法是把受试者安置在某种要求做出某些行为或反应的情境中，对他们的行为进行观察记录，从而加以评定的测量方法（图6–26）。

图6-26　情景测量法

我们要想对自己有客观、全面的了解，必须综合运用各种方法，使它们互为佐证，才能使自我认知的结果更加可信。

二、探寻自我的职业认知

所谓职业认知，概括地说，就是对职业的认识。管理大师彼得杜拉克曾对职场新人提出了这样几个问题："我应该选择什么样的工作？我为什么要这样选择？我现在正在做什么？我为什么这样做？"这一连串问题的实质上就是我们民航服务专业大学生应该如何梳理自己的职业认知的问题。唯有彻底认清自己，才能走出职业生涯选择的迷茫，走好职业生涯的第一步（图6–27）。

图6-27　指南针是指不了就业方向的

性格、气质、兴趣、能力是"自我"的四个维度，要全面、深入地认清自己，就需要从这四个维度入手，明白每一个维度的类型、特征以及如何对其进行补偿、改造等。

（一）职业兴趣

兴趣是一个人积极探索、有强烈主观愿望去认识某种事物的心理倾向。当人的这种心理倾向指向某种职业时，就形成了职业兴趣。

当一个人对某种职业感兴趣时，他就能积极、热情、全身心地投入，并创造性地努力完成自己的事业，因此，人们常说兴趣是最好的老师。兴趣具有引导行为、激励主观积极性的作用。反之，如果一个人对某种职业毫无兴趣，哪怕是本职工作，也不会激发其积极主动性，即使他的情商、智商都不错，也不可能在本职工作上有所建树。因此，兴趣是进行职业选择的重要依据之一（图6–28）。

图6-28　没有兴趣哪有热爱

但是我们应该明白：兴趣在职业选择时只是一个参考因素，并不是一种决定因素，有时还可能给择业带来困惑。如有的人对什么都感兴趣，但没有形成自我特色，在择业时就没有竞争优势；有的人兴趣面太窄，不能满足社会的需要；还有的人其个人兴趣与所学专业不一致，也造成职业选择的困难。所以，民航服务专业大学生要对自己的兴趣进行客观分析，同时还要树立正确的人生志向，调整自己的兴趣，适应民航业的需要，找到适合自己兴趣的岗位，使自己的才智最大程度地发挥。

▶测一测

（1）我喜欢把一件事情做完后再做另一件事。

（2）当我一个人独处时，会感到更愉快。

（3）我喜欢参加各种各样的聚会。

（4）对于社会问题，我通常持中庸的态度。

（5）听别人谈“家中被盗”一类的事，很难引起我的同情。

（6）和一群人在一起的时候，我总想不出恰当的话来说。

（7）我乐于解除别人的痛苦。

（8）我很容易结识同性别的朋友。

（9）我喜欢做一名教师。

（10）大家公认我是一名勤劳踏实的、愿为大家服务的人。

以上十小题中，前六题答“否”，后四题答“是”，则属于社会型职业人格，适于从事教师、民航服务等社会型工作。

兴趣特征表现为：

（1）喜爱社会型的职业或情境，避免实用性的职业或情境，并以社交方面的能力解决工作及其他方面的问题，但缺乏机械能力与科学能力；

（2）喜欢帮助别人、了解别人，有教导别人的能力，且重视社会与伦理的活动与问题。

▶兴趣的魔力

李开复博士在人民大学演讲时说过：一次人生跟踪调查时发现，在一批百万富翁里，有95%的人是选择了从事自己感兴趣的工作或者事业，而且他们之中大部分人并不把百万富翁当做他们的人生目标，他们钟爱的只是他们的兴趣。而另外的5%即目标就是为了一百万的人，并且为了这个目标，割舍了自己的兴趣和爱好，全力追求金钱。

每个人都需要有人生方向，不然我们的航船会轻易地迷失航向，永远在浪潮里漂流。而你内心真正的兴趣会告诉你：你的人生目标和方向。这种兴趣使你充满了热忱、激情、兴奋和满足。这种感觉常常会让你忽略了时间的流逝。

（二）职业性格

性格是一个人在社会实践活动中所形成的对人、对事、对自己的稳固态度，以及与之相适应的习惯化了的行为方式。性格的差异影响着个人的职业适应性。不同性格的人从事同一种职业，会有不同的结果；不同的职业对人也有不同的性格要求。

气质是与个人神经过程的特性相联系的行为特征，一般分为胆汁质、多血质、黏液质和抑郁质四种类型。不同气质的人适合从事不同类型的职业。按照不同气质类型人所表现出来的性格特征，通常来说，胆汁质的人比较适合做反应迅速、应急性强、危险性较大、与人打交道、难度较高的工作；多血质的人比较适合从事社交性、文艺性、多样化、要求反应敏捷且均衡的工作；黏液质的人比较适合从事稳定、细致、按部就班的工作；抑郁质的人比较适合细致、持久、敏锐的工作（图6–29）。

图6–29　就业选择时应该看看自己的气质类型

因此，民航服务专业大学生在考虑或者选择职业时，不仅要考虑自己的职业兴趣和能力，还要顾及自己的职业性格。分析自己的性格适合从事民航哪些岗位的工作，根据自己的性格特点选择适合自己的岗位，或者塑造自己的性格来适应岗位要求。

▶一起来看看专家支招

美国职业指导专家霍兰德提出了性格类型——职业匹配理论。他将人的性格分为六种：现实型、研究型、艺术型、社会型、企业型和常规型。

1. 现实型

这类人通常喜欢有规则的具体劳动和需要基本技术的工作，他们擅长技术性职业，但缺乏社交能力；情绪稳定，不激进，倾向于用简单的观点看待事物，适合的职业主要是需要用手工工具或机器进行工作的手工工作和技术工作。

2. 研究型

这类人喜欢智力的、抽象的、分析的、推理的定向任务。他们喜欢独立，不愿受人督促；擅长解决抽象问题，尊重客观事实而不愿毫无疑问地接受传统；具有创造精神，但缺乏领导能力，这类人擅长科学研究和实验工作。

3. 艺术型

这类人喜欢通过艺术作品来表达自己的感情，爱想象、有创造力，擅长艺术、文学方面的工作，但缺乏办事员的能力，适合的职业主要是艺术创作。

4. 社会型

这类人喜欢社会交往，喜欢组织工作，喜欢能让他们发挥骨干作用的工作；关心他人利益，关心社会问题，愿为团体活动工作，对教育活动感兴趣，但往往缺乏机械能力。适合的职业主要包括教师、医生、服务员等为大众做事情的工作。

5. 企业型

这类人喜欢竞争，自信心强，善于说服别人，喜欢权力、地位和财富；性格外倾，爱冒险，喜欢担任领导角色，这类人比较擅长管理、销售等工作。

6. 常规型

这类人喜欢有系统、有条理的工作，具有务实、友善和服从的特点，此类人适宜从事办公室职员、办事员、出纳员、会计、秘书等工作。

（三）职业能力

图6-30 自信源于真本事

职业能力，就是当我们从事某一职业时，具体的工作职责要求具有的分析、解读、操作等方面的能力，这些能力依赖一定的知识，却不只是要求从业者掌握这些知识，更是要求从业者能将这些知识在工作中具体应用以解决实际问题。

职业能力通常可以分为一般言语能力、数理能力、空间判断能力、察觉细节能力、书写能力、运动协调能力、动手能力、社交能力、组织管理能力等九个方面。职业能力是择业的重要依据，是求职者开启职业大门的钥匙（图6-30）。

民航服务专业大学生对自己职业能力有一个清楚的认知，可以扬长避短，使自己在激烈的就业竞争中立于不败之地，才能更好地做好未来的民航工作。

拓展阅读

▲解开“职业能力”之谜

职业定位是自我定位和社会定位的统一，只有在了解自己和职业的基础上才能够给自己做准确定位。

每个人都需要定位，其目的是保证自己持续地发展。但是各个体定位的重点不同：定位重点在于澄清自己有什么。过高或者过低估价自己，都会影响自身潜质的发挥。所以，既需要认真地分析自己，又需要多了解社会需求，以求定位准确。在大多数情况下，正确的思路是，做你应该做的事，而不是做你喜欢做的事。

职业测试可以帮助个人进行职业定位。《职业能力测评系统》全面地阐述了测评的内容。主要包括：EQ情商测评、事业心测评、沟通交流能力测评、处理问题能力测评、领导能力测评、创业潜力测评、成功倾向测评、职业选择测评、工作压力测评、工作态度测评、职业满意度测评、人际关系测评等。

职业能力测评可以帮助参测者根据自己的性格、能力来确定自己的职业生涯发展规划；帮助参测者确定职业目标，尽可能地发挥出自己最大的潜能；多角度专业化的职业评测维度可以帮助测评者提高个人的工作技能，提高自己的职场竞争力；让用人单位合理地应用职业评测报告结果做人岗匹配，达到企业和个人的利益最大化。

（四）职业价值观

职业价值观是个人的人生目标和人生态度在职业选择方面的具体表现，也是一个人对职业的认识和态度以及对职业目标的追求和向往。职业价值观决定了人们的职业期望，影响着个人的择业动机和职业目标（图6-31）。

图6-31　天问不如自问

当今社会竞争激烈，衍生出了一些浮躁心理，部分人的职业价值观出现了扭曲。民航服务专业大学生在确定职业价值观时，应该结合自身实际理性地认识哪个岗位适合自己，从事民航工作的目的是什么等职业价值观问题。需要处理好几大关系。

1. 处理好职业价值观与金钱的关系

图6-32　“钱程”不等于前程

金钱应该是劳动和成就的回报，是我们在确定职业价值观时首先要面对的问题。有些人把金钱作为首选价值观，却未曾想过自己现在拥有的知识、能力、经验和阅历还不足以使自己一走上社会就获得大量金钱回报。怀有一夜暴富的心理是不正常的，更是危险的，甚至误入歧途。面对严峻的就业形势，我们更应该理性地降低对金钱的期望值，把眼光放远一些，尽可能地将自我成长和自我实现作为就业时的首选价值观（图6-32）。

读一读

▶云非先生与青年教师的谈话

钱固然要挣，但人对财物的追求不要表现得淋漓尽致。人活在这个世上不只是为了钱，你们在这个团队中努力地工作想必也不仅仅是为了钱。创建伟大学校，成就精彩人生，很苦，但也是很幸福的。

我们的事业需要齐心协力。现在我已经把你引进来了，给了你们平台，大家表现也不错，业绩也突出。我还要把你引到利益和事业一致的道路上来，大家一定要明白一个道理：先有事业，然后才有利益。

我想说的是，如果内心没有远大理想，你就无法创造奇迹，你就会被一些小事缠绕，你就不能成为真正的教育工作者。我们要创建伟大学校，成就精彩人生，就要看你是不是把眼睛放在未来，是不是把身心放在国际上？修炼自己、修为人生。

2. 处理好职业价值观与个人兴趣和特长的关系

职业价值观、个人兴趣和特长是人们在择业时需要考虑的最重要的三个因素。在确定价值观时，一定要考虑它是否与自己的兴趣和特长相适应。如果一个人从事自己不喜欢的工作，多半难以在他选择的职业上成功；而如果选择了自己喜欢的工作则可以充分调动人的潜能，获得职业发展的原动力。此外，选择一项自己擅长的工作，也会事半功倍。

读一读

▶主持人“八卦”事儿一瞥

北京电视台节目主持人××爆料，她在与××单位合作的栏目《××秀》中充满了痛苦。该主持人原本的公众形象一直定位为温婉大方型，无论是观众还是她自己都认可了这样的一种形象。然而在《××秀》中为了跟上一些笑星的节奏，不得不和他们一起互动，大笑大闹，极尽耍嘴皮之能事，完全打破了原本的形象定位。

对该主持人来讲，内心有着强烈的冲突与痛苦。她无法接受自己嬉皮搞怪的形象，好几次想退出这个节目。

3. 处理好职业价值观的排序与取舍的问题

职业价值观的特性决定了人们不会只有唯一的职业价值观，人性的本能也会驱使人们希望什么都能得到，但在现实生活中“鱼和熊掌是不可兼得的”。在职业选择中，只有舍，才能得。所以，我们要对自己的职业价值观进行排序，找出自己认为最重要、次重要的方面，并提醒自己不可能什么都得到。否则就会患得患失（图6–33）。

图6-33 应该快一点给出答案

4. 处理好职业价值观中个人与社会的关系

人不能离开社会而独立存在，个人只有在工作中为社会做出贡献才能实现自己的职业价值。当然只尽社会责任，而忽略个人因素也是不行的。这样不但不利于个人，也是社会的损失。例如，让一个富于科学创造力、不善言辞的学者去从事普通的教师工作，可能使国家损失一项重大的发明，而社会不过多了一个也许并不出色的教师。因此，民航服务专业大学生要处理好职业价值观中个人与民航业需要的关系（图6–34）。

5. 处理好淡泊名利与追逐名利的关系

名利是人的欲望使然，欲望可以使人成就大的事业，也可使人自我毁灭。以合理、合法、公正、公平的方式追名逐利在一定程度上对个人对社会都会有益，但它需要有个度，该知足时则知足，该进取时则进取。民航服务专业大学生应该保持淡定自若的心态，意识到成功并非一朝而就；功利性过强的就业，往往得不偿失（图6–35）。

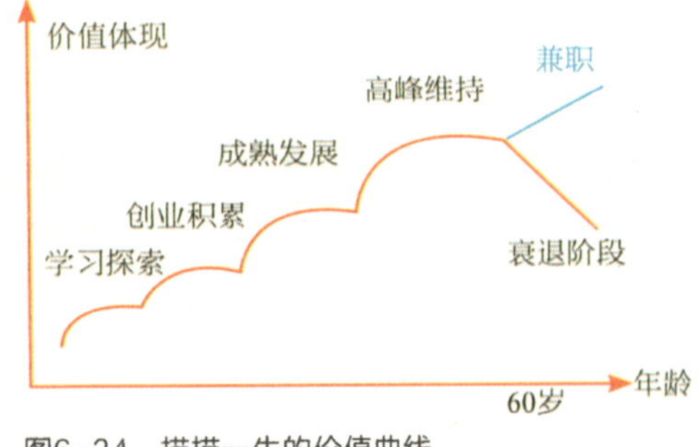

图6-34 描描一生的价值曲线

图6-35 自我定位是很重要的

▶和“职业价值观”面对面

职业专家通过大量的调查，从人们的理想、信念和世界观角度把职业价值观分为九大类（图6–36）。

自由型（非工资工作者型）：不受别人指使，凭自己的能力拥有自己的小“城堡”，不愿受人干涉，想充分施展本领。

经济型（经理型）：他们断然认为世界上的各种关系都建立在金钱的基础上，包括人与人之间的关系，甚至父母与子女之间的爱也带有金钱的烙印。这种类型的人确信，金钱可以买到世界上所有的幸福。

支配型（独断专行型）：相当于组织的一把手，飞扬跋扈，无视他人的想法，为所欲为，且视此为无比快乐。

图6-36 选选你的价值取向

小康型：追求虚荣，优越感也很强。很渴望能有社会地位和名誉，希望常常受到众人尊敬。欲望得不到满足时，由于过于强烈的自我意识，有时反而很自卑。

自我实现型：不关心平常的幸福，一心一意想发挥个性，追求真理。不考虑收入、地位及他人对自己的看法，尽力挖掘自己的潜力，施展自己的本领，并视此为有意义的生活。

志愿型：富于同情心，把他人的痛苦视为自己的痛苦，不愿干表面上哗众取宠的事，把默默地帮助不幸的人视为无比快乐。

技术型：性格沉稳，做事组织严密，井井有条，并且对未来充满平常心态。

合作型：人际关系较好，认为朋友是最大的财富。

享受型：喜欢安逸的生活，不愿从事任何挑战性的工作。

作为一名当代民航服务专业大学生，科学的职业价值观应该是怎样的呢？

第三节
感受就业心理素质的魅力

案例引入

煮熟的鸭子飞了

李某、刘某是某航空学校同班同学。临近毕业的一天，他们在网上看到了一家航空公司的招聘启事，就一起邮寄了自己的求职材料。后来他们都顺利地通过了笔试，并同时获得了面试通知。

面试时，他们被分在两个会议室。主考官问了李某一系列关于乘务员综合素质的问题。李某对答如流，并不时提出自己的新见解，受到了主考官的赞赏。在另一个会议室，刘某的面试也进行得很顺利，主考官对他的回答也表示十分满意。

在面试就要结束时，主考官向李某和刘某提出了同样的问题："对不起，我们公司的电脑突然出了点小故障，参加面试的名单里没有你，非常抱歉！"不过，这句话是在不同的会议室里说出的。

胜利在望的李某听到了主考官的话后，马上就变得没有了风度。他生气了，质问考官为什么会出现这样的事，他这么优秀的一个人，在学校里各方面都表现不错，居然……他觉得这是公司成心在耍他。

主考官对他说："你先别生气。其实，我们的电脑并没有出错，你以第一名的成绩进入了我们的面试名单。刚才的插曲不过是我们给你出的最后一道题。在面对竞争激烈的就业压力前，你感到惶恐和不安是正常的。但是，你的心理承受能力实在太差了。空乘人员可能会遇到各种突发情况需要冷静处理，我们需要有良好的心理素质的人才。你能找到更合适的工作的。"

李某愣住了：前功尽弃！没想到这也是一道考题！而在另一间会议室里，刘某在听完了同样的问题之后，面带微笑，镇定地说："我对贵公司发生的这个错误十分遗憾，但是我今天既然来了，就说明我和公司有缘分。我想请您给我一次机会。这个计算机的失误对我来说，或许是人生的一个难得的机遇，对于公司来说，这或许意外地选择了一个优秀的员工。"主考官露出了满意的神情："你真是一个不错的小伙子！我愿意给你这个机会。"

良好的心理素质是民航服务专业大学生必须修炼的一项"内功"，对成才和就业都有着重要的作用，甚至决定着我们是否成才、成功。心理素质，是职业化素质中的一个重要方面；现代企业用人，也越来越注重员工的心理素质。所以，面临人生中的第一件就业大事，我们必须努力提高自己的就业心理素质。

一、破译就业心理素质的密码

就业心理素质是个体所拥有的对择业活动有重要影响的心理品质的总和。健康的就业心理素质往往如一把钥匙，能够为我们开启就业的成功。

（一）良好的就业认知

就业认知是指人们获取就业信息和运用就业信息的心理活动，包括社会认知和自我认知。社会认知是指大学毕业生主动了解经济社会、了解就业形势，了解用人单位的具体情况，及时准确地掌控就业信息，以此为据作出就业决策。自我认知主要指毕业生应该具有客观准确的自我观察、自我认可、自我评价、自我剖析、自我鉴定的能力（图6–37）。

图6–37　贬低自我比丢失机会更遗憾

民航服务专业大学生良好的就业认知表现为：全面了解自己的性格特点、兴趣爱好、综合能力；另一方面结合民航就业形势、民航职业和民航单位、工种岗位的情况，实际地调整自己的就业心态、目标定位和就业期望值。

小故事

▶晒晒我的幸福就业

南方航空、海南航空、四川航空、深圳航空、春秋航空……，当刚刚走出校门的学生走进这些大名鼎鼎的航空公司，翱翔蓝天的梦想终成现实时，他们，无疑是千千万万毕业大军中的佼佼者、幸运儿。我就是被从天而降的喜悦"砸中"的"绅士"、"淑女"中的一员，成为了一名空姐。

想想除了学院作为行业龙头的声誉和老师们的努力培养以外，我要特别感谢我自己当初的就业认识：我通过上网查阅了大量关于民航的资料后，很快锁定了南航、深航作为我的就业目标。由于我本身学的是空乘专业，也基本具备空乘人员的良好职业形象和综合素质，在临近毕业参加深航来学院的校园招聘时，我就坚定地坚持自己的目标，以优秀的表现顺利应聘上了深航乘务员。

我感觉我的就业过程真的是很幸福！之所以说幸福，其实源于我明智地结合实际确定目标，有一个良好的自我就业认识。

（二）健康的情绪

情绪是个体对外界事物认知的主观体验，积极健康的情绪能够有效地促进认知的发展。民航服务专业大学生健康的情绪在就业过程中表现为：善于调节自己的情绪，一方面能够客观实际地表达自己积极健康的情绪。

图6–38　把健康的情绪捧在手心

另一方面能够通过适当的方式发泄自己消极不良的情绪。从而做到成功不狂喜、失败不气馁，善于控制和管理自己的情绪，保持良好的心理状态（图6–38）。

图6–39　谁能笑到最后意志力是关键

（三）良好的意志品质

民航服务专业大学生良好的意志品质体现在目标明确合理、善于自觉自律、做事坚韧果断、勤于分析与自我控制等事情上。意志坚定的人既有坚定地实现自我目标的意志力；又有克制干扰目标的积极情绪和行为；还有抗拒通向目标过程中的挫折能力，而这些能力并不是与生俱来的，而是实践锻炼的结果。拥有良好的意志品质可以使我们更加坚强，人格更加成熟，面对就业和创业的挑战更加从容（图6–39）。

（四）完善和谐的人格

心理健康的标志之一就是人格完整、和谐、统一。人格完善的人无论是能力、性格和行为，还是动机、兴趣和人生观都是平衡发展的。民航服务专业大学生成熟健康的人格表现在就业时互相帮助，

图6–40　想飞多高，请完善你的人格吧

保持和谐的人际沟通，共享就业信息，共同解决就业中遇到的各种问题（图6–40）。

（五）良好的环境适应能力

拥有良好的适应能力可让我们在就业过程中能直面就并接受现实，同时主动地去适应现实，还可以通过实践和认知去改变现实。民航服务专业大学生良好的环境适应能力表现在：情感上不过分依赖；善于在不同环境下培养自己的兴趣和事业的生长点；能够正确看待现实，与社会、与自己建立起融洽的和谐关系；能够把自己置身于社会之中去感受到心理、生活的充实。适应环境、正视现实是我们面对就业时的一个健康的心理特征。

小贴士▼

为什么很多人不能成功

（1）没有找到自己真正需要、真正希望的是什么。

（2）没有发现自己真正的长处、短处，优点和弱点。

（3）没有去有系统地发展自己的长处。

（4）没有努力克服缺点。

（5）没有运用计策寻找、创造机会。

（6）没有全心全意地追求成功。

（7）没有协调希望与现实。

（8）没有完全信赖自己的能力。

（9）没有科学地管理时间。

（10）没有处理好人际关系。

二、健康的就业心理素质召唤你

民航服务专业大学生就业时要正确评估自己，使自己适应社会。就业本身就是个体自身条件与客观的要求相适应的过程，要求我们必须面对现实，对自身条件做出正确评估，做到知己知彼，进退有余（图6–41）。

图6–41 做一个很阳光的人

理想与现实是一对矛盾体，处理不当就可能产生心理问题或引发心理障碍，直接导致就业失败。为此，为确定合理的就业目标，顺利实施就业目标，防止心理异常的出现，尽快适应职业，尽快适应社会，应该从以下几个方面做起。

（一）树立正确的就业观

就业观是对就业目标和意义的看法和态度。正确的就业观是以社会的需要为前提，以企业的利益为根本；把个人价值的实现与其结合起来，而不是一心盯着个人利益来做就业选择。

图6-42 好高骛远是很伤人的

民航服务专业大学生要衡量自己的综合素质有多高，专业知识有多少，实际操作能力有多强，即衡量自己作为民航人的职业化素养。根据这些自身基本条件去对照，自己能干什么工作比较适合，才有针对性地去应聘。这样应聘的成功率就比较高。反之，没有正确地估价自己，盲目上阵，就是错误的就业观（图6-42）。

▶你知道择业"五忌"吗

择业是大多数大学毕业生踏入社会需要面对的第一步。怎样走好这第一步，选择一份既切合自身实际，又称心如意的职业，具有十分重要的意义。因此建议大家在择业时，一定要记住五种忌讳。

一忌仓促上阵。一定要有精神和物质方面的充分准备。

二忌眼高手低。要客观估价自己的能力，把握机会，不要这山望着那山高。要树立先就业后择业；先求生存，后求发展的就业观。

三忌互相攀比。你的同学找的单位或待遇比你好一些，如果你因为攀比心理就放弃现在的机会，结果你会一而再、再而三地失去机会。

四忌轻信受骗。有的同学由于自身原因，到不正规的人才市场或职介所去求职，"病急乱投医"，往往受骗上当。

五忌要价过高。如果你选中了中意的单位，不要死盯住工资待遇，估价自己要符合实际，要有长远的眼光。

（二）保持良好的就业心境

就业竞争实质上是心理素质的竞争，心态的较量往往比能力更胜一筹。面对越来越严峻的就业形势，面对来自家庭、社会等各方面的压力，民航服务专业大学生就业时难免会出现不良的心境，甚至会产生严重的心理障碍。

良好就业心境的保持对顺利就业尤为重要，如果能做到理性地看待竞争；客观地分析形势；坦然地应对挫折与困难，就能以积极向上的态度消除障碍。

小贴士▼

保持良好心境秘笈

学会微笑：微笑生活每一天，暗示自己"没有什么过不去"、"明天会更好"，进而从内心深处能够坦然面对。

自我激励：认清压力以及压力的来源；集中精力去做目标规划中的事情；激励自己不断去克服不良情绪就是自信走向成功的开始。

学会放松：采取自我暗示、转移注意力、肌肉放松、想象放松等方式对不良情绪进行缓解和释放。

消除浮躁波动的情绪：明白现实总是客观的，需要自己去冷静面对，否则一切都将是于事无补；"心急吃不了热豆腐"，要积蓄能力，一步步接近成功。

建立良好的人际关系：借助人际关系的精神支持，获得更多不良心境的改变途径。

学会学习：视野的开阔能够让你思维更开放，从而以积极的态度面对一切。

（三）确立恰当的就业角色

民航服务专业大学生能否客观地认识自己；能否准确地摆正自己的位置；能否切合实际地进行就业选择，这些是恰当就业角色确立的基本标志。确立恰当的就业角色，需要我们客观冷静地分析自己的优势和劣势；充分准确地认识自己的个性气质；有的放矢地了解自己的兴趣爱好，找准自己与社会的结合点，进而完成自己的目标定位（图6–43）。

图6–43　不管多拥挤　我也要走稳

确立恰当的就业角色，能够使我们在就业时既不盲目清高，也不自暴自弃；在适应社会的同时，充分地展示自己的才华。

（四）就业期望值的调整与确定合理的就业目标

每个人都能找到自己理想又满意的工作是不现实的，现实与期望总是有距离的。如果我们的期望值过高、就业角色确立得不准确，那我们一定会走入就业误区，导致就业时处处碰壁，陷入困境（图6–44）。

图6—44　挑肥拣瘦　其苦自受

▶目标的威力——哈佛大学调查研究

美国哈佛大学有一个非常著名的关于目标对人生影响的跟踪调查。对象是一群智力、学历、环境等条件差不多的年轻人，调查结果发现：27%的人没有目标；60%的人目标模糊；10%的人有清晰但比较短期的目标；3%的人有清晰且长期的目标，并能把目标写下来，经常对照检查。

25年的跟踪研究，他们的生活状况和分布现象十分有意思：

占3%的，25年来几乎不曾更改过自己的人生目标，朝着同一方向不懈地努力。25年后，他们几乎都成了社会各界的顶尖成功人士，他们中不乏白手创业者、行业领袖、社会精英。占10%的，大都生活在社会的中上层。他们的共同特点是，那些短期目标不断被达成，生活状态稳步上升，成为各行各业不可缺的专业人士，如医生、律师、工程师、高级主管等。占60%的目标模糊的人，几乎都生活在社会的中下层面，他们能安稳地生活与工作，但都没有什么特别的成绩。剩下27%的是那些25年来都没有目标的人群，他们几乎都生活在社会的最底层。他们的生活过得不如意，常常失业，靠社会救济，并且常常都在抱怨他人，抱怨社会，抱怨世界。

（五）增强就业自信心

拥有十足的自信心能够影响用人单位对民航服务专业大学生的第一印象。缺乏自信心会使一个人精神萎靡不振、做事缩手缩脚、行动犹豫不决，是不可能去征服别人，实现成功就业的。

然而，自信并不是盲目地清高自大，也不是不切实际地自负自傲；而是要建立在良好的个人素质和雄厚的个人能力基础上。因此，增强就业自信心，就是要充分认识到自己的优势和长处，脚踏实地学习好民航专业相关专业知识和技能，塑造自己良好的职业形象，提升自己的职业素养，才能有足够的“底气”去争取就业机会，实现就业目标（图6–45）。

图6–45　成功源于自信

（六）培养独立性

培养民航服务专业大学生的独立性，意味着要培养其独立的意识，培养其对自己的行为完全负责。一个成熟的社会人的重要标志之一是具备适应社会的能力和独立生存的能力。

图6–46　就业场上试比高

我们培养自己的独立性，就是要学会各种生活技能，培养独立生活的能力；要学会适应环境、积极进取、最大限度地发挥自己的创造性；要学会不断完善自己的思想，形成自己的独立见解，在思想上独立；要学会坦然面对成功与失败，充满自信地完成每一个任务，在心理上独立（图6–46）。

▶职场想独立　心理得“断奶”

父母“陪读”、学长与新生一帮一、校园钟点工等大学生“未断奶”现象引起不少媒体的关注，父母的过度保护、儿女的依赖心理一时间成为了大家讨论的热点话题，而这些现象假如不能及时地控制，其产生的影响也会随着时间的推移而延伸至未来的工作中。

从大学生到职场人这一转化本身即需要角色的转换，只有子女主动“断奶”、父母“放手”去爱，通过建立阶段性的职业目标，培养自信、独立的心态，才能有效缩短“心理断奶”期，尽早成为真正成熟的职场人。

××公司招聘主管乔女士在今年新员工招聘中遇到了一件让人啼笑皆非的事，她说：“前不久我们面试了一名‘非自愿’应聘者小林，整个面试过程中她给人感觉非常敷衍，既没做好基础准备也不能积极回应所提出的问题，这与其在校优秀表现明显不同，在沟通中我才了解到原来她父亲不满她在另一家公司工作，背着女儿投了简历并在接到面试电话时主动'陪'她到公司面试。"事后，乔女士无奈地表示这是自己第一次也希望是最后一次遇到如此不情愿的应聘者。

过度依赖导致职场新人"发育不全"。

随着越来越多的"80后"、"90后"进入职场，很多企业都感受到他们的创新思维与鲜明的个性，不少人认为他们的出现成为了管理方式变迁的风向标，也有人调侃道，最明显的改变则是从"管"变成了"哄"。天津滨海新区某公司张经理表示，部分"80后"、"90后"后新人在职场中仍像"孩子"，他认为，现在一些大学生由于过度依赖父母、独自接触外界机会少，虽然已经成年，但独立性、计划性、目标性等意识明显"发育不全"。

"他们自己也有意识去改进，如会经常问我有没有工作需要做或需不需要帮忙，但很少自己主动去挖掘本职工作中有待改进的地方，总是一味等着别人'给'，而不是自己从中去'找'，看不见问题成为了新人目前的最大问题。"

职场声音：建立阶段性目标，培养职场独立性。

2012年是"90后"进入职场元年，用人单位看到了他们的独特，但同时也为他们"独立"问题担忧。高级心理咨询师刘洋针对这一问题说道："很多'90后'独自处理问题的经验比较欠缺，从学校到社会经历的挫折甚少，即使遇到困难也会被父母保护起来将伤害降到最低。因此，让他们不借助'扶手'，逐步提高自身应对问题的能力，培养起职场独立性，'心理断奶期'则会明显缩短。"

刘洋表示，缩短心理断奶期的有效方法就是让职场新人结合当下尽早建立起阶段性职业生涯规划以逐步培养其独立、自信的心态。"对于刚入职场前三个月的新人来讲，首要的目标应该尽快地熟悉周围同事及工作内容，积极地融入到这个集体中去，这样才能尽快适应新环境、逐步培养起自身在职场中的独立性；很多职场新人对职业生涯规划往往没能和当下实际结合起来，仅仅把眼光放在十年后的高薪或职位上，那么新人更多看到的只是自身与目标的落差，或者造成眼高手低，从而造成心理上的沮丧或压迫感，这种负面心理无疑会延长'断奶期'。"

一、请你思考

什么样的就业心态是正确的？什么样的就业心态是变异的？

二、案例分析

张小梅自诉：我的记性，理解力，应变力，知识乃至生活常识，语言沟通的能力，与人合作的能力，心理素质都很差，我做什么事效率都很低，我觉得很痛苦，别人一下做好的事，我要做很久，效果仍然不好。

请分析张小梅的心理状况，为她设计一个提高心理素质的方案。

三、行动建议

王某是一名民航服务专业大学生，参加几次面试后均以失败告终，整日萎靡不振，渐渐地对招聘表示怀疑，对就业丧失了希望，对自己失去了信心，开始烦躁不安、失眠、焦虑、抑郁。

假如你是就业指导老师，将怎样帮助王某调整就业心态问题？

第七章

就业上岗必读

引言

犹如关羽过五关斩六将一样，你终于从众多面试者中脱颖而出。当意气风发步入民航岗位时，我们该怎样解读企业理念、融入企业文化、适应企业环境、胜任岗位工作，这是每一个新员工必须研读的新课程。

第一节 上岗了，你准备好了吗

案例引入

经过艰苦训练，过关斩将。机场，我们来了（图7-1、图7-2）。

图7-1 艰苦训练，整装待发

图7-2 意气风发，我们来了

一、心理准备

1. 从头学习的心理准备

拥有从头学习、认真学习的心理准备（图7-3），我们就可以尽快适应岗位、站稳岗位哦。

图7-3 上岗了，我们仍然保持快乐学习的心态

2. 抗挫抗压的心理准备

刚到岗位的员工，除了要参加公司的岗前培训与考核外，还要面对工作时间相对较长，工作强度相对较大等现象，这都需要员工要有抗挫、抗压、挑战自我的心理准备（图7–4）。

图7–4　空乘户外拓展，挑战自我

3. 做好爱岗敬业的心理准备

你看他们在岗位上的娴熟与自信，可不是一朝一夕的功夫。任何岗位须有几年的学习积累与沉淀，才能基本掌握其核心与要领。学生必须做好爱岗敬业的心理准备（图7–5），才能在岗位中成长自己、发展自己。

图7–5　在岗位上兢兢业业，一丝不苟

二、离校就业操作流程

离校就业操作流程如下（图7–6）：

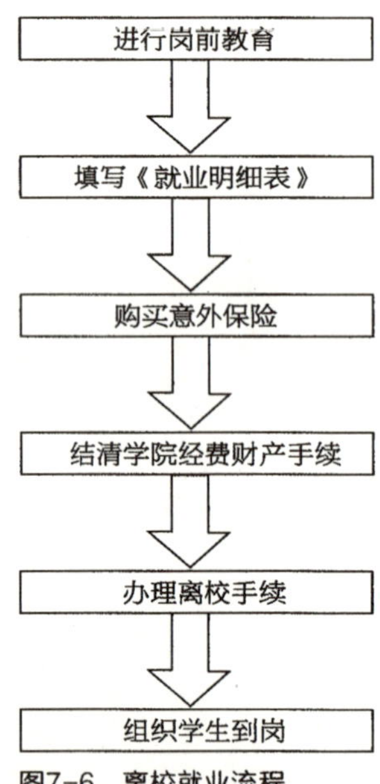

图7-6 离校就业流程

小贴士▼

不能忽略意外保险

学生到岗后至签订就业劳资合同之间有一个实习期，在未签订正式合同之前，用工单位根据合同法的规定，不会为学生购买相应的保险；实习学生一旦发生工伤或意外，就要自行承担相应的医疗费用。所以，在到岗前，一定要督促学生购买意外伤害保险，花钱不多，却可以为自己购买一份平安和保障。

第二节
严守纪律

俗话说："没有规矩不成方圆"，严守企业纪律是新员工的第一堂课。一个不守纪律的员工，在企业里无论如何是站不稳也是走不好的。

一、什么是纪律

（一）纪律的定义

纪律就是规则，是指要求人们必须遵守业已确定了的秩序、执行命令和履行自己职责的一种行为规范，是用来约束人们行为的规章、制度和守则的总称。任何一个社会，一个国家，一个政党，一个军队，一个企业，一个单位都有维护自己利益、加速自我发展的纪律，古今中外，概无例外（图7–7）。

图7–7 挥汗如雨，坚持训练

（二）纪律的特性

1. 明确的规定性

公司的纪律会明确告诉员工哪些是可以做的，哪些是不可以做的，哪些行为是正确的，哪些行为是不正确的，以及不正确的言行你将面临什么惩罚。（图7–8）

2. 一定的强制性

公司纪律要求员工必须遵守，常有一定的强制性，它是不可以商量和调和的。任何无视或违反纪律的行为，都要根据性质和情节受到程度不同的批评教育甚至处罚（图7–9）。

3. 以约束和服从为前提

青年人都向往自由，而纪律是以约束和服从为前提（图7–10），自由与纪律之间看似矛盾，实际上二者却分不开。遵守纪律，才能使人们获得真正的自由；不遵守纪律，人们就会失去真正的自由。

4. 遵守纪律是一个人的美德

一个人的纪律性如何，能够直接反映出他们的思想道德水平（图7–11）。思想道德高尚的员工，能充分认识到纪律的重要性，而且具有执行纪律、维护纪律的自觉性。

图7–8　团队的规定性

图7–9　老板的要求必须执行

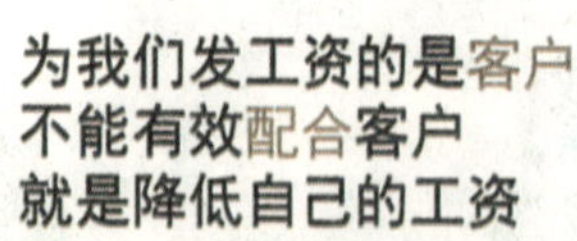

图7–10　降低工资也得服从

图7–11　守时体现一个人的修养

（三）常见的违纪现象

1. 不按时上下班

机场安检站、贵宾公司、地勤岗位都要求员工提前到岗，并做好职业形象的准备和岗位工作的准备。航空公司要求提前1小时20分钟（国际航空要求提前2个小时）必须做好航前准备。劳动纪律决定了不容许迟到或迟到了还为自己找借口（图7–12）。

2. 不严格执行上级指令

航空公司或机场都实行的准军事化管理，要求员工无条件执行上级指令。不严格执行或表面上服从甚至懈怠，都是绝不容许的（图7–13）。

图7-12　时间能停住吗

图7-13　我在做事啊

图7-14　付出才能有收获

图7-15　穿着光鲜，举止却不文明

3. 过分强调自我

遵守纪律的一个原则是明确自己的定位，视企业利益为最高利益，把团队纪律和荣誉放在第一位。“我付出太多，得到太少”或“凭什么这事让我干”等缺乏团队合作的意识，就是一种错位、缺位的典型表现（图7–14）。

4. 思想品质低下

在公众场合或者在工作场所不注意员工形象，勾肩搭背、谈情说爱、乱吐乱扔（图7–15）、污言秽语、擅离职守……这些实质上是缺乏文化素养和思想品质低下的表现。

二、怎样严守纪律

1. 认同企业文化

民航单位都有自己特色的企业文化，它是品牌竞争核心力的体现。每一个员工必须首先认同并且积极融入企业文化内涵（图7–16），才能严守纪律，勤奋工作，努力学习，不断进取。

2. 加强执行力

什么才是完美的执行呢？那就是不讲任何借口，为结果负责（图7–17 ~ 图7–19）。一个团队，一个企业必须要有绝对的执行力，只有这样才能有超强的凝聚力和战斗力，才能团结一致，克服一切困难，否则，遇到问题互相推脱、逃避，那这个团队或企业只能是一盘散沙，失败也是在所难免的。

图7-16　入职培训，融入企业文化

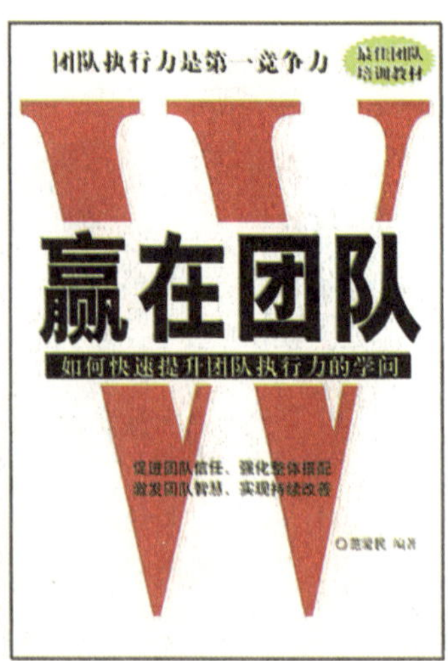

图7-17　赢在执行力

图7-18　礼仪操，整齐优雅

图7-19　跆拳道表演，气势恢宏

3. 知错能改，善莫大焉

俗话说："金无足赤，人无完人"，犯错误是在所难免的，重要的是我们有没有承认错误的勇气和积极改正的决心（图7–20）。当别人为我们指出问题所在的时候，我们应该心存感激，只有正视它，采取措施改正它，才能不断进步。

4. 沿着公司轨道前行

员工在公司中，要有强烈的纪律意识，只有保持良好的纪律意识，该干什么就毫无保留地干什么，工作和事业才能成功发展，就如同火车只有沿着轨道才能高速前行。因此，每个员工都要把纪律这个"轨道"烙在脑中，才能顺利开创工作新局面。沿着"轨道"前行，才能奔向成功（图7–21）。

5. 自觉遵守公司纪律

常言道："没有规矩，不成方圆"（图7–22）。无论何行何业，纪律和规章制度放

图7-20 负荆请罪，终得将相和

图7-21 沿着公司轨道前行

图7-22 没有规矩不成方圆

在重要位置，纪律面前，人人平等。在民航单位，只有纪律严明、管理严格，才能保证安全有序地运行。纪律是民航单位运行和发展的基本前提，而自觉遵守民航单位的各项规章制度也是职场人士最起码的职业素养。

知识链接

▶ "操场上的小鸡"

图7-23 西点军校的操练

西点军校非常注重对学员进行纪律锻炼。为保障纪律锻炼的实施，西点军校有一整套详细的规章制度和惩罚措施。例如，如果学员违反军纪军容，校方通常惩罚他们身着军装、肩扛步枪，在校园里正步绕圈走，少则几个小时，多则几十个小时。美国总统艾森豪威尔（Dwight David Eisenhower）年轻时到西点军校学习不久，就因为他的自由散漫而赢得了"操场上的小鸡"的头衔。原因是艾森豪威尔经常不得不接受惩罚，像小鸡在田间来回走动一样，在操场上一走就是几个小时，只是不如小鸡那样自由罢了（图7-23）。

第三节
吃苦耐劳

当今社会物质生活这么优越，为何还需要具备吃苦耐劳的品质？我们提倡在现代职场中要具备吃苦耐劳的品质，是因为在现代职场中，一个优秀的员工要有锲而不舍的精神，要有工作的韧性，要在艰难中奋起，要在逆境中成长。

一、员工怕苦怕累的现象知多少

1. “上班磨洋工，下班打冲锋”

上班期间，有些员工无精打采，心不在焉（图7–24），打电话、说闲话、偷懒耍滑、拖三拉四……置民航员工的标准化、职业化于不顾。但是，一到下班，容光焕发、精神振奋、冲锋在前（图7–25）。

图7–24　上班无精打采

图7–25　下班精神抖擞

2. 私事频频，假条不断

人吃五谷杂粮，难免有个头痛脑热。一般的感冒，多喝开水，挺一挺就过去了，可个别员工却爱生病、盼生病、装生病。家家都有本难念的经，谁家没有大烦小事，请假理由总是常常有的。有的人处处以事业为重，工作第一，有的人却常常找理由，三天两头请假（图7–26）。

3. 怨天尤人

在机场或航空公司上班，因为航班延误等原因，经常会出现延长上班时间等现象，有些员工便叫苦喊累，怨天尤人，抱怨自己运气不好，满腹牢骚，心不在焉，甚至敷衍工作（图7–27）。

图7-26　你知道吗？我生病了

图7-27　怨天尤人解决不了问题

4. 得过且过，不思进取

有些员工在工作中不思进取，得过且过，他们以为，反正干多干少一个样，干得再好领导也看不见，不出错就行了。于是乎混日子，做一天和尚撞一天钟，这种工作状态和人生态度对于事业成就的威胁比老虎还厉害（图7–28）。

图7-28　得过且过，不思进取是“老虎”

二、当今社会为何还需要吃苦耐劳的品质

1. 能保持一个人的进取心

俗话说，平静的湖面只有呆板的倒影，汹涌的波涛才能造就强悍的水手（图7–29、图7–30）。过分安逸的生活，会使一个人变得越来越懒惰，最终丧失进取心和战斗力。而吃苦耐劳，可以让一个人保持清醒、保持本色、保持进取心。

图7-29　劈波斩浪

2. 可以开发员工的潜力

“梅须逊雪三分白，雪却输梅一段香”，寒冷的冬天，梅花开得格外鲜艳，并散发出扑鼻芳香（图7–31）。英国剑桥大学教授贝弗利奇曾说：“出色的工作，往往是处于逆境的情况下做出的，思想上的压力，甚至肉体上的痛苦，都可能成为精神上的兴奋剂。”

图7-30 风浪中穿行

图7-31 不经一番寒彻骨，哪得梅花扑鼻香

▶动心忍性，增益其所不能

《孟子·告子下》一文中也有这样的论述："故天将降大任于斯人也，必先苦其心志，劳其筋骨，饿其体肤，空乏其身，行拂乱其所为，所以动心忍性，增益其所不能。"

3. 人生的宝贵经历

常言道：天有不测风云，人有旦夕祸福。人生不如意十之八九。一个人做事不可能一帆风顺，不可能不面对困难、挫折与逆境，而在关键时刻往往看谁吃苦的功底厚实了。吃过苦的人，在面对困难挫折与逆境时，其过往经历会帮助他顺利渡过难关（图7-32）。

4. 能培养热爱生活、珍惜生活的品格

正因为有"锄禾日当午，汗滴禾下土"的艰辛，我们才能感知"粒粒皆辛苦"（图7-33）；正因为重耳有漫长的19年的流亡生活，所以他才以节俭自励，兢兢业业，最终成就了春秋五霸之一的大业。有过吃苦耐劳经历的人能更加珍惜生活，善待生命。

图7-32 苦难是人生的宝贵经历

图7-33 珍惜粮食，人人有责

小贴士▼

生命中的点点滴滴都将串联起来

苹果创造人史蒂夫·乔布斯在斯坦福大学毕业典礼上（图7-34）的讲话中说：“我再强调一项，你不可能充满预见地将生命中的点点滴滴串联起来，只有在你回头看的时候，你才会发现这些点点滴滴之间的联系，所以，你要坚信，你现在所经历的将在你未来的生命中串联起来。你不得不相信某些东西，你的直觉、命运、生活、机会……”。

图7-34 乔布斯在斯坦福大学演讲

三、超越自我，成功就在不远处

（一）开发潜能的案例

俗话说：吃得苦中苦，方为人上人。人若没有吃苦的经历，其内心必然是空乏的。人若有吃苦的经历，厚积而薄发，其潜力便有可能得到有效地开发。历史上“背水一战”、“破釜沉舟”、“置之死地而后生”等兵家典故，便充分说明了这一道理（图7-35）。

图7-35 典故：破釜沉舟

小贴士▼

超越自我，将劳累训练成一种习惯

在安检站做旅客检查的员工，除了要保持职业礼仪和微笑服务外，每天要做10个小时左右的人身检查，包括左右手相互配合的检查，同时还要不断地弯腰、起身。所以对一个新员工来说，每天都要面临腰酸背痛的身体状况。怕苦的员工此时退出，在他脑海里只会留下安检工作非常艰苦、非常劳累、要求很高的职业刻板印象，而一旦他坚持下去，一个月、两个月、三个月……当把劳累与吃苦都训练成一种习惯后，他从身体到心理便开始接受了这份工作，并且开始真正体会工作的乐趣，追寻工作成就。

（二）随时用积极的心理暗示鼓励自己

积极的心理暗示可以帮助自己战胜困境，当一个人面临痛苦或苦难时，积极的心态可以帮助一个人正确面对困难，同时集思广益、开动脑筋，寻找途经去解决困难或度过难关（图7–36）。

图7–36 积极的心理暗示，可以帮助我们战胜困难

如果一个人采用消极的心态面对痛苦或苦难，他便会把问题放大，甚至抱怨社会不公，骂东骂西，其结果是一叶障目，不见森林，或者是望而却步，不思进取。

以积极的心态面对困境，困境便是一个人完美的经历，便是帮助你成才的垫脚石。

所以，吃苦耐劳是一种勇气，是一种素质，也是一种境界。吃苦耐劳，超越自我，成功就在不远处。

▶锲而不舍，金石可镂

《荀子·劝学篇》中说：不积跬步，无以至千里；不积小流，无以成江海。齐骥一跃，不能十步，驽马十驾，功在不舍。锲而舍之，朽木不折；锲而不舍，金石可镂。

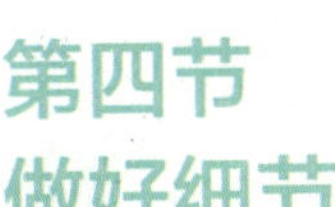

第四节 做好细节

无数个成功企业的案例告诉我们一个事实，精细化管理时代已经到来。芸芸众生能做大事的实在太少，多数人的多数情况还只能做一些具体的事、琐碎的事、单调的事，也许过于平淡，也许鸡毛蒜皮，但这就是工作，是生活，是成就大事的不可缺少的基础。中国不缺少雄韬伟略的战略家，缺少的是精益求精的执行者；不缺少各类管理制度，缺少的是对规章条款不折不扣的执行。

案例引入

图7-37　李嘉诚

名言警句▼

成功的秘诀不在于大的战略决策，而在于做好细致工作的韧劲。

——李嘉诚

一、重视细节的意义

1. 体现一个人个性沉稳

对细节重视的人，一般具有耐心、细致、沉稳的个性，同时也给人做事踏实可靠，可以信赖之感（图7–38）。

2. 体现一个人的修养

对工作和生活中细节的重视，体现一个人具有良好的修养。对细节追求完美的过程，实际上也是一个人自我完善、不断提高的过程（图7–39）。

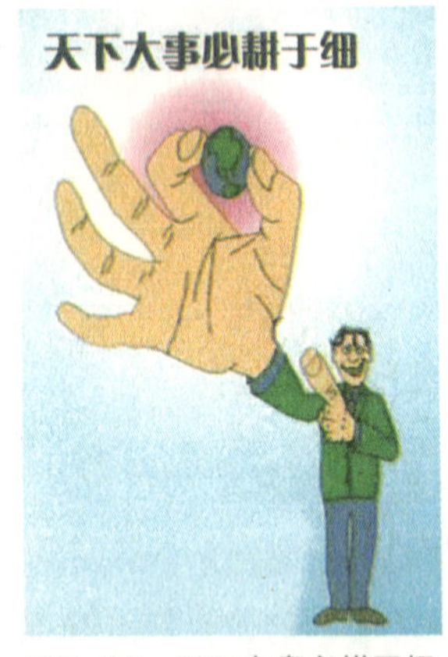

图7-38　天下大事必耕于细

图7-39　卓越的表现在于细节

图7-40　巴顿将军

图7-41　精细能力体现管理能力

名言警句▼

> 要想做大事，首先要能够做好小事，而且要全力以赴。
>
> ——乔治·巴顿

3. 能帮助一个人成功

任何一件大事都是一件件小事构成，都是由一个又一个细节构成，完善每一个细节，就找到了通向成功的大门。这也是巴顿将军能在战场上屡屡获胜的原因（7–40）。

4. 处理细节的能力，也就是企业的管理能力

海尔的管理层常说一句话："要让时针走的准，必须控制好秒针的运行。"海尔能够创造出世界知名的品牌，在于其企业管理从未放弃过小的细节，比如细致到工作中的一块玻璃，一棵树木（图7–41）。同样的道理，员工对细节的处理能力，也体现了员工的自我管理能力。

二、做好细节的体现

1. 严格规范的制度

不管是安全检查、贵宾服务、机务维修，还是在航空公司的空中服务，其公司都拥有一系列可以量化的、明确规定的管理制度和服务标准（图7–42）；要想成为公司

的合格员工，首要的是必须把相关的规章制度和标准学通学会，并严格执行。

2. 用心做事

民航服务以旅客满意为其首要目标，这就要求员工必须从一点一滴做起，每个细节，每个操作流程，都要规范细致，要让客户感受到公司的服务与关怀。

用心服务，细致服务，让旅客感受到如家的温暖是员工的努力方向（图7–43）。

3. 努力创新

只有注重细节管理，把工作中的每一件小事做好，才能为客户提供一流的服务；在规范的基础上，不断地推陈出新、创造更多的服务项目或服务方式（图7–44）。

4. 良好的习惯

当人做一件事情达到一定熟练程度后，就会变成一种潜意识，变成一种习惯（图7–45）。民航员工就应该把每一项工作分解为无数个细节，再将无数个细节都严格按标准流程进行，以训练成一个又一个习惯。

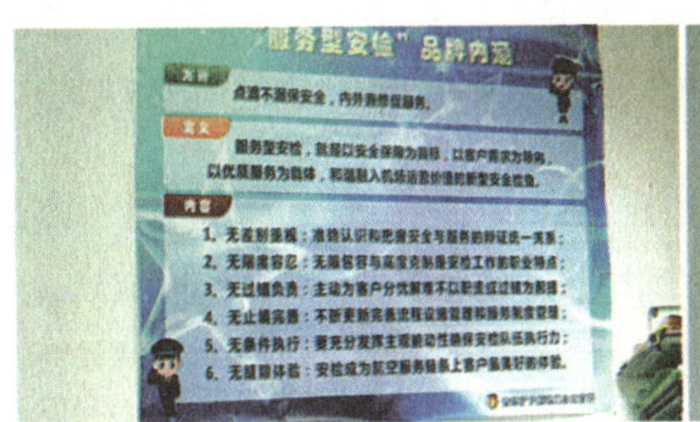

图7-42　某安检中队的服务内涵和综合考评表

图7-43　用心专心总有结果

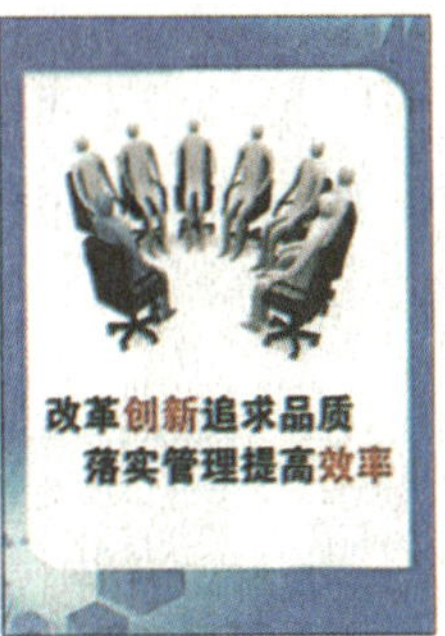

图7-44　企业需要创新

图7-45　良好的职业习惯

三、这些工作细节你知道吗

每一个岗位都有自己的岗位要求和考核标准，这要求我们必须按公司规定严肃认真的履行。即便如此，还是有许多细节容易被大家忽略。以下这些细节你知道吗？

（一）如果你是空中乘务员，请注意这些细节

1. 认真参与准备会

“准备会”是乘务员执行飞行任务的第一项工作，是飞行前的总动员和工作检查会，也是乘务长对乘务员进行考核的重要内容之一（图7–46）。对于新员工来说，一定要提前准备，将职业形象准备到最好，争取给乘务长留下一个好的印象。

2. 注意乘车礼仪

航空公司有个不成文规定，前排座位留给机长和飞行员，所以先上车的乘务员不能先占据前排座位，而是应从后排向前依次就座，同时把个人行李箱依次摆放整齐，不能妨碍他人通行；下车时礼让机长先行，乘务员互相协助提拿行李。倘若乘务员直接坐在前排，会给机组成员一个不懂规矩的印象（图7–47）。

3. 注意走姿

机组成员在行进过程中，一般呈纵队排列，要求成员步伐要有韵律美感，此时呈现的是机组团队的力量，也是展现航空公司标准化、职业化特点的时候（图7–48）。所以，在行进中不要甩动飞行箱或身体摇摆，也不要接听电话或大声与他人打招呼。

4. 微笑要适度适时

微笑无需成本，却能创造很多价值。真诚、发自内心的微笑可以拉近乘务员和旅客之间的距离（图7–49），但微笑也要适度适时。微笑要有分寸，不可发出朗朗笑声，也不可毫无顾忌地张嘴大笑；同时，要注意对象和场合。例如，旅客身体不舒服的时候，乘务员就应该与旅客同忧患，此时表情上应呈现出严肃而略带焦急的状态。

5. 注意称谓的使用

乘务员在招呼旅客时，要规避一些称谓，不能使用泛称，如“喂”；不可以使用带有地域性称呼，如“伙计”；忌用带有特殊身份性质的称呼，如“师傅”、“同志”；要忌用非正式场合的称呼，如“哥们儿”、“美女”等（图7–50）。

图7–46 空乘准备会

图7–47 乘车也是一道风景

图7-48　走出韵律和美感

图7-49　真诚、亲和力的微笑

图7-50　一叶知秋、一语知人

图7-51　你的表情总会被关注

图7-52　改变无处不在

6．注意面部表情

乘务员在问清旅客需求后，转身时不要马上收起笑容或显示出不耐烦的表情，更不能嘀嘀咕咕，因为，旅客的余光会观察到你；同时，周围其他的旅客也会注视你。

有经验的乘务长可以从你转身的动作、面部肌肉的运动，了解你的内心，甚至推测你正在嘀咕的话（图7–51）。

7．不耐其烦，耐心细致的服务

在客航服务中，总会遇到一些旅客态度强硬、不听解释的情况，这时更需要乘务员耐心细致地、不耐其烦地为旅客作解释，当耐心和服务做到一定程度时，旅客的内心会发生悄然的变化（图7–52），也许原本是一场投诉的事情会转换成对你的表扬或感谢。

▶掌握细节

（一）安全检查中的细节

1. 引导员（维序岗位）工作细节（图7－53）

（1）指明受检通道，引导旅客在“一米线”前排队，维护待检区秩序。

（2）宣传安全检查政策法规，劝导旅客将“三超”（超大、超重、超件）行李托运。

（3）为待检旅客提供咨询及其他力所能及的服务。

（4）制止不符合规定的人员进入旅客检查通道。

（5）记录工作台账。

图7－53　引导员（维序岗位）工作中

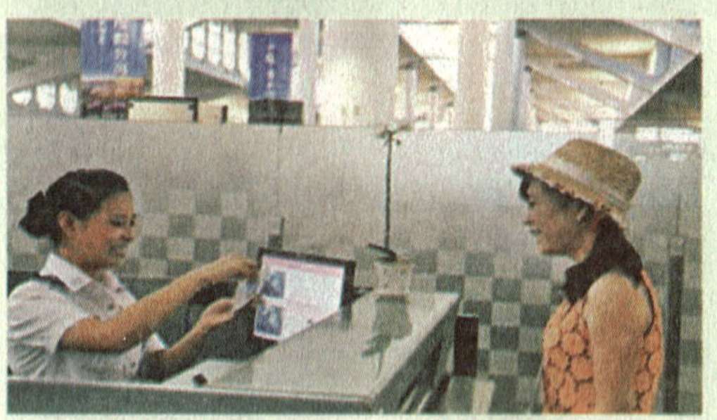
图7－54　验证检查员工作中

2. 验证检查员岗位工作细节（图7－54）

（1）查验、核对旅客的身份证件、飞机票和登机牌，制止证件、机票、登机牌和持有人不符的人员进入隔离区。

（2）注意观察旅客动态，发现可疑对象，要及时通知行李和人身检查员进行重点检查。

（3）遇有要客，要示意人身检查岗位和其他岗位给予礼遇。

（4）速记通缉查控名单，一旦发现要妥善处理并报告值班科长。

（5）掌握旅客流量，控制验证过检速度。

（6）制止拒不接受检查的旅客进入隔离区。

（7）清点并上缴机场建设费副联，记录工作台账。

3. 前传检查员岗位工作细节（图7－55）

（1）引导和协助旅客将待检的行李物品放置在X光机传送带上。

（2）提醒旅客提取自己已过检的行李。

（3）请旅客将随身携带的金属物品放在指定的托盘里进行检查。

（4）引导旅客通过安全门。

（5）根据验证员的示意，通知维序检查员和人身检查员重点检查对象。

（6）记录工作台账。

图7-55　前传检查员工作中

4. 人身检查员岗位工作细节（图7-56）

（1）密切注意安全门的报警情况，对通过安全门报警的旅客逐个进行安全检查，防止漏检、错检。

（2）将查出的违禁物品及时交给值班领导处理。

（3）提醒旅客拿走自己放在托盘里的各种物品和随身携带的行李物品。

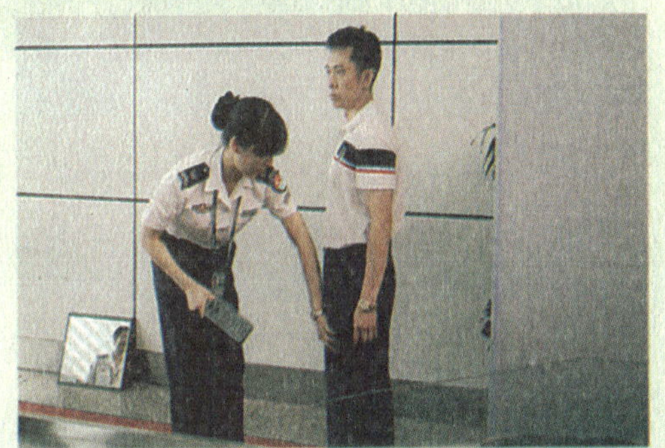

图7-56　人身检查员工作中

（4）疏导旅客尽快离开安检现场进入隔离区，维护现场秩序。

（5）负责安全门日常维护、清洁保养工作。

（6）记录工作台账。

图7-57　X光机操作员工作中

5. X光机操作员岗位工作细节（图7-57）

（1）认真观察X光机荧光屏，仔细分辨物品图像，对图像怀疑或有模糊的物品，进行重新检查或告知开包员进行手工检查，并停机向开包员指示装有可疑物品的箱包。

（2）积累经验，为新检查员传授开机、开包技能和经验教训，搞好传、帮、带。

（3）负责X光机日常维护、清洁保养工作。

（4）记录工作台账。

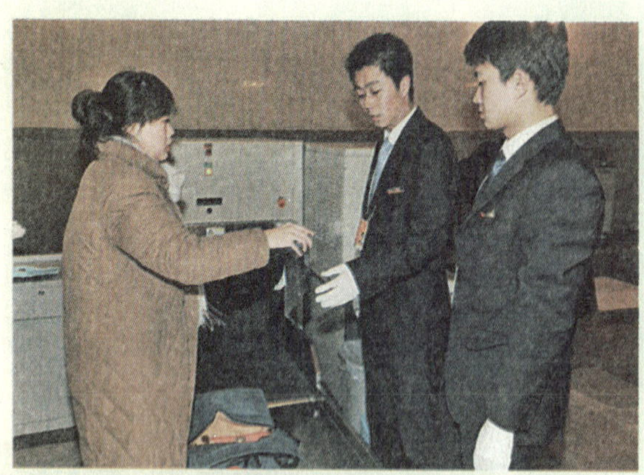
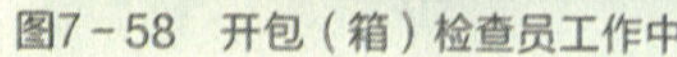
图7-58 开包（箱）检查员工作中

图7-59 鲜花献给尊敬的客人

6. 开包（箱）检查员岗位工作细节（图7-58）

（1）掌握各种物品反映在X光机上图像的形状和黑白深浅程度及其在包内的位置。

（2）负责对X光机操作员指定开检的重点包检查，直至排除疑点。

（3）对有违禁物品的行李，经开包检查取出后，移送X光机复查。

（4）协助旅客复原行李，并及时引导其进入隔离区。

（5）对查出的违禁物品及时送交带班干部处理，并填写《情况处置交接单》。

（6）制止拒不接受检查的旅客携带行李进入隔离区。

（7）清洁工作现场卫生。

（8）记录工作台帐。

（二）掌握细节，才能宾至如归——贵宾服务细节知多少

1. 接机服务（图7-59）

（1）首先要安排接机人和接机车辆到达要客室等候。

（2）国内航班贵宾航班到达后从地坪云梯下飞机，服务员迎接，乘VIP专用车

前往要客室。

（3）国际航班贵宾航班到达后，服务人员要在廊桥口迎接，协助办理手续后前往要客室与接机人会面。

（4）服务人员为贵宾提取行李。

2. 送机服务（图7-60）

图7-60 热情周到的送机服务

图7-61 温馨舒适的茶水服务

（1）服务员接到贵宾后，从专用通道进入机场要客室。

（2）服务员代为办理行李托运、登机牌。

（3）国内航班贵宾乘VIP专用车到达飞机云梯登机。

（4）国际航班贵宾经由礼宾员引导前往登机口。

（5）全程服务员都要陪同。

3. 茶水服务（图7-61）

（1）先征询旅客喜欢喝什么茶。例如，冲泡红茶适宜用90℃水温，冲泡绿茶适宜用100℃水温；冲泡茶水7分满为宜；

（2）上茶时，应把茶杯轻轻放在桌面上，再缓缓推至旅客面前，杯耳朝向旅客右手位，与桌沿呈45度角；

（3）眼睛与旅客有自然交流，并说：“×先生（女士）您好，请用茶。”

图7-62 耐心细致的咖啡服务

4. 咖啡服务工作细节（图7-62）

（1）冲泡咖啡时，应用热水先温杯，再倒入咖啡。

（2）冲泡咖啡时以8分满为宜。

（3）杯耳朝旅客左手位，咖啡勺放在杯耳的另一边，勺柄面向旅客，方便取用。

图7-63 周到细致的糕点服务

5. 糕点服务工作细节（图7-63）

（1）把糕点放入5寸盘内，用保鲜

膜封好。

（2）呈送时说："×先生（女士）您好，这是我们为您配送的糕点，您请慢用。"

图7-64 清新舒适的果盘服务

6. 果盘服务工作细节（图7-64）

（1）果盘内需配2个水果叉，用保鲜膜封好。

（2）上果盘时，需要2名服务员同时操作，一名服务员带好透明手套，一名服务员手托托盘，在包厢内拆除果盘保鲜膜。

（3）呈送时说："×先生（女士）您好，这是我们为您配送的水果，您请慢用。"

▶保障飞机飞行安全——机务维修岗位细节知多少

1. 航线岗位

工作内容：接机人员按照规定提前15分钟到达指定位，检查地面及设备情况，准备工具，指挥飞机滑行至指定位置，与机组建立联络，刹车，关停发动机，挡好轮档，摆放警示锥，监控，指挥登机梯和廊桥操作人员接近飞机，完成航前航后。

注意细节：严格执行工卡对飞机进行各项工作，完成职责范围内应做工作，准确执行，填写、签署工卡内容。及时完成各项报告，必须服从分配，遵守上级安排及合理科学管理。

2. 定检岗位

工作内容：按照正常程序托行飞机到达指定维修区域，做好警示工作。按照"进场、接近、故检、修理、安装、测试、试车试飞、质控检验"的工作流程完成定检级别维修工作。完成航材领用、周转、订件和退库工作，进行各种应急设备

图7-65 仔细检查，做好记录

的检查和保护。

注意细节：严格执行工卡对飞机进行各项工作，完成职责范围内应做工作，准确执行，填写，签署工卡内容。及时完成各项报告必须服从分配，遵守上级安排及合理科学管理。

3. 附件修理与检测岗位

工作内容：飞机的修理、检测工作人员按照规定提前15分钟到达指定工作岗位，检查地面及设备情况，准备工具，领取所分工的飞机附件，按工作卡的技术标准实施修理、检测和维护，完成后填写技术资料。

注意细节：严格执行工卡对飞机附件进行修理、检测、维护和保养工作，完成职责范围内应做工作，准确执行，填写，签署工卡内容。及时完成各项报告必须服从分配，遵守上级安排及合理科学管理。

4. 电子设备维修

工作内容：维修人员需要按规定对存在故障飞机的电路及电子设备进行检测。如发现故障需要维修，要按工作单流程拆卸电子设备（注意静电防护）装入防静电口袋再进行封装、运输。到指定车间由专业的技术人员进行拆装、测试、维修。最后交予负责人检验后交付使用（图7-65）。

注意细节：严格执行工卡对各种电子设备进行检测维修工作，完成职责范围内应做工作，准确执行，填写，签署工卡内容。及时完成各项报告，必须服从分配，遵守上级安排及合理科学管理。

▶细节成就英雄

美国航天员阿姆斯特朗是第一个登上月球的人类，他的一句“这是我个人的一小步，但却是人类的一大步”更成为了家喻户晓的名言，最后，成为人类挑战宇宙的英雄（图7-66），但是为什么阿姆斯特朗能够从当时的多名宇航员中脱颖而出呢？

图7-66 阿姆斯特朗月球漫步

原来，当时挑选第一个上月球的人选时，有这么一个插曲。在确定人选前一个星期，几十个宇航员去参观他们要乘坐的飞船，主设计师迪克·斯雷顿发现，在进入飞船前，只有阿姆斯特朗一个人脱下鞋子，只穿袜子进入了座舱，因为阿姆斯特朗觉得：“这么贵重的一个舱怎么能穿着鞋进去呢？”。正是这个细节一下子赢得了迪克·斯雷顿的好感，他感到这个青年如此懂得规矩，又如此珍爱他为之倾注心血的飞船。他想：“只有把飞船交给一个如此爱惜它的人，我才放心。”于是在他的推荐下，阿姆斯特朗就成了人类第一个登上月球的宇航员。

第五节 职场礼仪

谁不想在人际交往中如鱼得水？谁不想在社交场合中万众瞩目？谁不想在职场中左右逢源？谁不想在事业上旗开得胜？职场礼仪，得体的舒适的礼仪可以帮助你实现这一切。

一、什么是职场礼仪

职场礼仪，是指民航员工在职场因为工作需要而进行的人际交往中，应该遵守的交往艺术，是职场人员必须要讲究的尊敬他人、体现个人修为的行为规范（图7–67）。

图7–67 自信进取的职场人员

二、掌握职场礼仪的意义

1. 内强素质，外塑形象

通过不断的学习与培养，进一步完善个人内在的素质，从而由内而外地彰显个人魅力（图7–68），建立其在团队中良好的形象。

2. 有利于人际沟通与交流

作为民航的每一个岗位，会比较多地涉及与人沟通与交流，良好的职场礼仪犹如人际沟通的润滑剂（图7–69），有利于民航员工顺利地与旅客、同事、上级等不同群体进行沟通与交流。

图7–68 学习更能彰显女性气质

图7-69 良好的礼仪能赢得客户

图7-70 团队的形象需要我们一起努力

3. 有利于维护团队形象

民航员工在岗位上工作，代表的不仅仅是个人形象，更多地代表部门或团队的形象（图7-70）。良好的职业礼仪，能赢得人们的好感，能有效地促进良好团队形象的塑造，提高团队竞争力。

小贴士▼

职场交往中的三A原则

美国人布吉尼曾提出职场交往三A原则，即：Accept（接受）；Appreciate（重视）；Admire（赞美）。

它的主要含义是，每一位民航员工不仅要尊重服务的对象，而且应该采用适当的方式向对方表达自己的尊重之意。具体而言，是要善于接受对方、善于重视对方、善于赞美对方。

三、掌握正确的职场礼仪，与职场礼仪误区说“拜拜”

1. 着装分清场合

一般地说，工作场合的着装要求是职业正装（图7-71），社交场合的着装应该体现时尚个性（图7-72）；而在休闲场合的穿着打扮应该体现舒适自然（图7-73）。

如果不分场合着装，往往适得其反。例如，上班时穿休闲装，参加舞会、音乐会还穿着制服，去健身、旅游、娱乐、逛街却穿着西装打着领带……反而是不合时宜、不懂礼仪的表现。

图7-71 工作场合：职业正装

图7-72 社交场合：时尚个性

图7-73 休闲场合：舒适自然

▶穿西装的禁忌

一大禁忌：袖子上的商标没有拆。买了西装后，商标是一定要拆掉的，以说明西装被启用了。如果商标不拆，便有画蛇添足之感。

二大禁忌：穿夹克或短袖衬衫打领带。在非常重要的场合，尤其是国际交往中，穿夹克或短袖衬衫打领带不太合适。穿夹克、穿短袖衬衫打领带，自己人内部活动还算可以，对外交流则不够正式。

图7-74 职场中的西装

三大禁忌：全身的颜色太多。讲究的男人都知道，穿西装的时候，全身的颜色是不能多于三种的。包括上衣、下衣、衬衫、领带、鞋子、袜子在内，全身的颜色应该被限定在三种之内，此即三色原则。

四大禁忌：袜子出现问题。重要场合，白色的袜子和尼龙丝袜都是不能和西装搭配的（图7-74）。

2. 肢体语言要得体

使用肢体语言一定要自然恰当，适可而止。在与他人交流中，不要单调重复地做某种姿势，会让人觉得乏味；也不要突然做某一个动作，会给交流对象一种突兀的感觉（图7–75）。肢体语言，自然、恰当、适合场景为最好。

图7–75　夸张的肢体语言，好像在吵架

小贴士▼

自然与不自然的区别

一些人学鸟叫声，可以学得十分逼真，几乎让人听不出那是人模仿的，可却总是无法让人感动。是的，但是如果你听到树上真正的鸟叫声（图7–76），很快就会感动，有一种难以言表的喜悦感。这些就是自然与不自然的区别。

图7–76　自然的鸟叫

3. 不要把消极情绪写在脸上

有些员工遇到问题、挫折时，将心中情绪全写在脸上（图7–77）；既不会调整心态，也不会变换角色。但是，你要知道，没有人愿意面对一个没有朝气、不思进取、愁眉苦脸的员工。

4. 简单的握手，却大有讲究（图7–78）

（1）用右手握手是礼貌，用左手握手是失礼。

（2）多人同时握手时应按顺序进行，切忌交叉握手。

（3）握手时应避免眼睛东张西望，为了表示尊重对方，要目视对方，以免让对方

图7–77　堆满乌云的脸

图7–78　握手礼仪大有讲究

图7–79 方寸之间显气质

产生不尊重的感觉。

（4）握手时，年轻者对年长者、职务低者对职务高者都应稍稍欠身相握。

（5）握手力度适中，不可过度用力，以免让对方产生疼痛之感。

（6）握手时间以1～3秒为宜，时间不能太长，尤其是异性之间握手，更应该注意这一点。

（7）不要带着手套握手，如果来不及脱去，应向对方表示歉意。

（8）不能一只脚站在门里一只脚跨在门外握手。

5. 小名片，大世界（图7–79）

（1）名片内容应体现简洁明快的整体风格，除了企业标志或产品图案外，不要再加入与内容毫无关联的图案。

（2）名片若使用两种语言，可以采用正反两面印刷，切忌不要都挤在同一面印刷，会给人杂乱无序的感觉。

（3）名片上地址、电话有所变化，没有及时重新制作，而是直接在上面涂抹或改动，这在礼仪中是一种不尊重他人的表现。

（4）原则上不要向对方索取名片，以免造成不开心或尴尬局面。

知识链接

▶记得绕开这些用餐礼仪误区

误区一：用热湿毛巾擦脸。用餐前，服务员送上的热湿毛巾，是擦嘴角与双手用的，用它擦脸、擦脖子、擦胸背部都是失礼的。

误区二：用口布或餐巾纸擦拭餐具。用餐时，有人习惯用口布或餐巾纸擦拭餐具，这种习惯是对主人的不尊重，也是认为餐具不洁净的表现。

误区三：用筷子指点别人。小小一双筷子，有许多礼仪，比如不能敲筷、不能插筷、不能指筷、不能跳筷、不能翻筷、不能掉筷等。使用筷子应文雅，不能乱舞，不能乱指。

误区四：用餐过程中随意离开座位。用餐时，尽量不要因为上厕所或者打电话离开座位。如果确实想去，必须轻轻地说："失礼了"，再离开。这时，把餐巾放在椅子上，向服务员表示，"还要回来"，如果把餐巾放在桌子上，就表示用餐已经结束。若一不小心把餐巾放在桌子上，在离开座位时食物被收走了，也是没有办法的事。在一个人用餐时，这点要尤其注意。

误区五：用餐过程中随意吸烟。宴会，其目的就是尽兴，所以即使吸烟也不会有人来责怪。但若在餐厅的话，享受食物的美味是第一目的，在享用正餐（即未进入甜品阶段前）时，不要吸烟，烟会让美味的佳肴变得难以下咽，而且还会影响同桌的就餐者。

图7-80　优雅的礼仪能使用餐过程愉快

误区六：把胳膊肘放在桌上。一面吃一面托腮，或者撑着胳膊肘搁在桌上，都是很没礼貌的行为，会让人觉得你的意思是"真没劲"、"真不好吃"。已经有了这样不良习惯的人，应尽快改掉，这不仅仅是指用餐时，听别人说话时也同样要注意。

误区七：嘴里含着东西说话。口中含着食物时，如需要答话，让对方稍等一下，慌慌张张吞下去会引起咳嗽，所以要沉住气。和别人说话，也要看着对方说（图7-80）。

掌握职场礼仪，避免职场礼仪雷区，你就是充满人格魅力的职场宠儿。

一、请你思考

在当今社会为什么还需要吃苦耐劳精神？

二、案例分析

组织小组成员坐成圆形，每人3分钟以内发言，讲述自己在职场中曾经有哪些行为踏入了职场礼仪误区，然后其他成员分析此成员踏入了职场礼仪误区的原因。待一圈活动结束后，每个小组成员再依次发言，阐述通过这次活动将会对自己今后的职场交往带来哪些转变？

三、行动建议

结合自己的岗位特点，阐述自己在工作岗位上应该怎样重视细节、出色地完成工作。

第八章

职业拓展指南

引言

其实，人的一生，条条大路通罗马，行行可以出状元。最关键的是找准你心中的那盏明灯——那个永恒的梦想，它会一直指引你开启理想的职业生涯大门，它会引导你在属于自己的职业发展道路上一路向前，信心满满。

每一个在职场纵横捭阖的人，都是有无数成功经历打底的。这些耀眼的高光时刻带给我们的，除了可以复制的操作经验外，还有三种同样重要的东西，那就是不断学习、永争第一和全面发展。

第一节
职场成功的前提——善于学习

犹太人具备不少走向成功的特质，更重要的是，犹太民族是一个善于不断学习，不断创新的民族。每个人都希望拥有智慧，每个人都希望不断成功，但是犹太人的成功经验告诉我们，人的智慧和成就不是与生俱来的，而是需要付出艰辛的努力。他们“把学习作为终生的使命”，认为学习是一切美德的本源。

图8-1 书山有路勤为径

人，不管你在什么起点上，只有不断学习才能增加自己的内涵，提升自我的能力。善于学习是保持职场竞争力的重要前提（图8-1）。

一、学习的重要性

人类是因为学习，走到了今天。学习促进了知识的积累和传承，学习使人类区别于其他物种并最终战胜大自然，成为地球的主宰，潜艇下水、飞机翱翔、卫星上天、试管婴儿、生物工程、激光武器……当今世界科学技术已经成为第一生产力，国与国的竞争实质上是人才的竞争。在这百舸争流、千帆竞发的时代，只有善于学习，才能使自己永远立于不败之地。

歌德说得好：“人不是靠他生来就拥有一切，而是靠他从学习中所得到的一切来造就自己。”

一个人，从一生下来就开始学习说话、学习走路、学习做事、学习知识、学习技能、学习艺术。人非生而知之、生而能之、生而艺之，皆是学而知之、学而能之、学而艺之（图8-2）。

图8-2 学无涯，思无涯，其乐亦无涯

二、怎样做到善于学习

第一，提高注意力。才须学，学需静，宁静才能致远，剔除杂念，专心务学。

第二，提高吸纳力。著名科学家华罗庚曾说过："天才在于勤奋，聪明在于积累。"要适应现代社会信息传播速度快、渠道广的特点，借助现代传媒科技等手段，善于立体地、全方位地、多渠道地学习。

第三，提高观察力。首先，要用心。处处留心皆学问。其次，要细心。只有做到心细如丝，才能敏感地把握情况的发展变化。再次，要虚心。"泰山不让土壤，故能成其大；河流不择细流，故能就其深。"

第四，提高思考力。一个人必须勤于思考，并且善于思考，才会有拓展能力和创新能力。

名言警句

一个能思考的人，才是一个力量无穷的人。

——巴尔扎克

人能不食十二日，唯书安可一日无。

——陆游

读书破万卷，下笔如有神。

——杜甫

天生的才干如同天生的植物一样，需要靠学习来修剪。

——培根

▶善于学习的四大要领

善于学习有四个基本要领：一要心地干净。才须学，学须静，宁静方能致远。二是勤思深悟。把所学的知识升华、凝练、思考感悟。而思考感悟的一个重要特征就是长于疑，善于问，敢于否定。三是博约相济。既要有知识的广度，又要有知识的深度。四是知行合一，行胜于知。只有勇于实践、善于实践，才能把感性的东西理性化，把零散的东西系统化，古为今用，洋为中用。

读一读

▶学无止境

中国古代善于学习的名人数不胜数。梁代彭城人刘绮，“早孤家贫，灯烛难办，常买荻折之，燃荻为灯”，发奋读书。唐朝苏廷“少不得父意，常与仆夫杂处，而好学不倦。每欲读书，总无灯烛，尝于马厩中，借火照书诵焉，其苦如此。”隋朝的李密，骑着牛出门去看朋友，在路上，他把《汉书》挂在牛角上，抓紧一切时间读书。

西汉的董仲舒的书房后虽然有一个花园，但他专心致志读书学习，三年时间没有进园观赏一眼，董仲舒如此专心致志读书学习，使他成为西汉著名的思想家。还有管宁割席分坐，匡衡凿壁偷光，车胤囊萤夜读，陈平忍辱苦读书的故事等（图8-3）。

图8-3 古人刻苦学习

三、民航服务专业的学生需要学习什么

作为一名合格乃至高度职业化的民航员工，一是善于学习丰富的文化知识，以增加现代绅士、淑女必备的内涵底蕴；二是善于学习专业的民航服务知识和技能，以提高工作能力；三是善于学习广泛的社会知识和企业文化，以增强社交能力、理财能力、灵活机变的工作能力，提高干练的工作作风和高贵大方的个人气质（图8-4）。

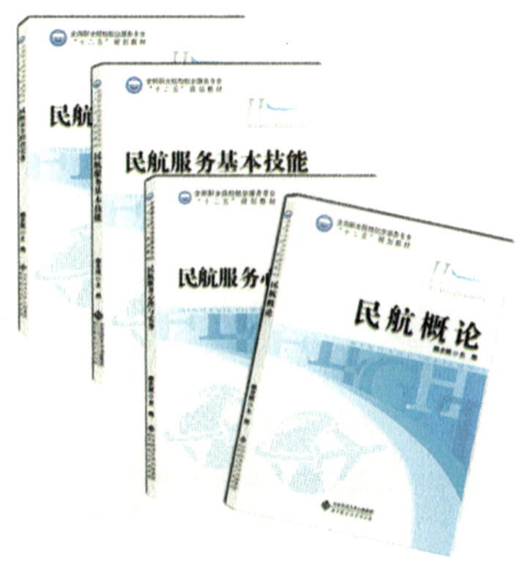

图8-4 民航服务专业的学生需要学习的各项专业知识和技能

▶我的美丽新娘

2012年9月4日下午，某电视台打造的“我的美丽新娘”大赛活动走进四川成都某航空学院美丽的校园。

是什么吸引了大赛活动组织者把目光投向了这里？因为缤纷的校园，现代绅士、淑女，演绎着别样的青春。专业、时尚、炫酷的主题经典活动精彩纷呈。

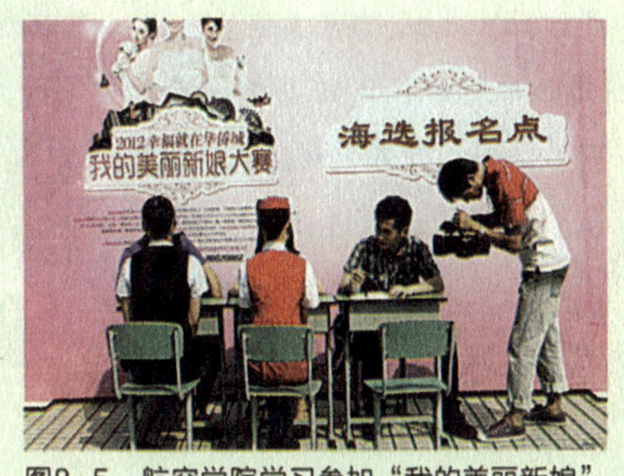

图8-5 航空学院学习参加“我的美丽新娘”大赛

培养现代绅士与淑女是他们坚定不移的培养目标，要求学生必须具备六大素质，即：①丰富的文化知识；②较强的社交能力；③灵活机变的工作能力；④干练的工作作风；⑤高贵大方的个人气质；⑥成熟的理财能力（图8-5）。

资料库

▶淑女内在气质有哪些呢?

一是要有理想，尊崇理性。气质美首先表现为有丰富的精神生活与广博的内心世界，内心空虚贫乏，是不可能孕育气质美的。

二是要有美德，心地善良。诚信、诚实、善良、讲求奉献是人类美德的基本内容。道德的根本，是自制心和克己心，使自身的本能服从于博爱。当良心、羞耻心、责任心和事业心在我们心灵中永远扎下根来的时候，就会形成一种有道德的个性。

三是要有文化，追求学识。气质来自良好的文化修养，所谓“腹有诗书气自华”。一个人博学多才就自然会透露出一种书卷气。

四是要有良好的心理素质，心态平和，心理健康是很关键的。保持乐观、开朗、积极的情绪，养成良好的性格，稳定的心态；要感情真挚深厚，友善大度，包容人；反映问题要敏锐，能承受压力和痛苦，在坎坷的人生中坦然处之，临危不惧。

五是要有良好习惯，严于律己。国内外教学研究统计资料表明，对于绝大多数学生来说，学习成绩的好坏，只有20%与智力因素相关，其他的80%则是与非智力因素息息相关（图8-6）。

图8-6 为航空学院举办的五四时装秀活动

四、避免走进学习的误区

误区一：学而不思，思而殆学。

孔子曾说过："学而不思则罔，思而不学则殆。"所谓的"学"，很好理解，说的就是接受知识，而所谓的"思"，就是深入思考，并且根据自己已经有的知识、经验对其进行发挥，有所创新。我们既要有孜孜为学的精神，用前人的一切知识来充实自己，又应该有缜密思虑的头脑，以辨别这些知识，运用这些知识，并发展这些知识。

名言警句▼

"学而不思则罔，思而不学则殆。"

——孔子

误区二：学而不疑，打包吸收。

学贵有疑，早在古代就有人提出了怀疑精神的重要性。苏格拉底也说过："问题是接生婆，它能帮助新思想的诞生。"意识到问题的存在是思维的起点，没有问题的思维是肤浅的思维。只有当感到需要问"为什么"、"是什么"、"该怎么办"时，思维才是主动的，才能真正深入思考。

名言警句▼

"问题是接生婆，它能帮助新思想的诞生。"

——苏格拉底

▶学习贵在疑

希尔伯特是一个想象力异常丰富、善于提出问题的人。在1900年第二届国际数学家大会上，他作了题为《数学的问题》的报告，一举提出了当时数学领域中的23个重大问题。这些问题，后来被称为"希伯特问题"。它们的提出，有力地促进了数学的发展。为此，希尔伯特总结道："能提出大量的问题，它就充满着生命力，而问题缺乏，则预示着独立发展的衰亡或中止。"

图8-7 质疑是创新思维的源泉

事实上，质疑是创新思维的源泉。对于一切总是不经思考而继承，让大脑成为装满知识的篓子，这样的人是没有什么大的作为的。巴尔扎克说：打开一切科学的钥匙，都毫无异议是问号，我们大部分伟大发现应归功于"为什么"，而生活的智慧大概就在于逢事都问个"为什么"。

学习贵在疑。首先要"敢疑"。古人曰："尽信书不如无书。"就是这个道理。要敢于突破传统思想的束缚。

敢于提出问题。其次要"善疑"。要做到善疑的前提是深钻细读，先入其中，后出其处。这需要独辟蹊径和不怕挫折的精神。好要掌握善于发现疑点提出疑点，释开疑问的方法和本领。要开动脑筋，独立思考，但又不是随心所欲，胡思乱想，要善疑，多疑，又不是胡疑乱疑，疑而有据，疑而有理，疑而有获。最后是"弃疑"。要有服从真理，追求真理的勇气（图8-7）。

误区三：目标不明，学而乏力。

“有的放矢”是一个众所周知的成语，意思是射箭必须先有目标，做任何事情都一样，只有目标明确才能有行动的方向。学习也一样，只有目的明确，学习的力量才能充足，才能努力坚持、持之以恒。顽强的毅力只为伟大的目的而产生，超凡的智慧只在崇高的理想中显现。

名言警句▼

“灵魂如果没有确定的目标，就会丧失自己。”

——佚名

误区四：心浮气躁，学不入心。

学习，应该是朴实而真诚地面对新情况、新问题和新知识，应该成为一种生活习惯。学习是“慢功出细活”，只有锲而不舍、孜孜以求，才能有不断的收获和进步。学习也是一种境界。进入这种境界，就会从中获得乐趣，活到老，学到老，养成不懈求知的学习习惯。

名言警句▼

“天下大事必作于细，天下难事必作于易。”

——老子

误区五：贪大求洋，好高骛远。

现代人之所以活得很累，心里很容易产生挫折感和种种焦虑、不快，是迷失和被淹没在各种目标中的结果，而且很少有人进行必要的自我调节。人一旦处于这种混乱中，内心就会失去平衡，变得没有条理，生活的目的也跟着盲目起来。

名言警句▼

“贪多务得，细大不捐。”

——韩愈

小贴士▼

满意服务——“心、要、美、好、不、投、机”

心：一份关心、一片爱心，服务发自内心。

要：要真诚，要善意，要细心，要感恩，服务讲究诚信。

美：语言美、微笑美、姿态美、形象美。服务追求美感。

好：服务技术好、信息沟通好、旅客评价好、服务效益好，客人就是上帝。

不：不抱怨，不给旅客贴标签，不与旅客争对错。

投：揣摩旅客心理，了解旅客期望，为旅客提供满意服务。

机：利用一切机会展示优质服务。每一位员工将自己最美好的服务形象表现出来。

第二节 职场成功的动力——永争第一

案例引入

曾经年少爱追梦，而今凤舞已冲天
——四川西南航空专修学院学生，现就职于广州白云机场安检站

曾凤，四川成都某航空学院2005级安检专业学生，如今已是广州白云机场安检站家喻户晓的明星。一个闪亮的名字，一个耀眼的明星。

2008年5月，在校考取了安检初级证的曾凤同学，会同其他几十位同学一起奔赴广州白云机场安检站实习，从此便开启了她的希望之旅，梦想之旅。在这样日复一日的沉淀中，曾凤由原来业务不熟的实习生，慢慢变成了业务熟手，经过中队培养，慢慢变成了业务尖子，并且开始做培训和带实习生。一年后，曾凤顺利考取了中级安检员证书，同时她被选为分队班长，也是迄今为止广州白云机场最年轻的班长，那年她18岁。

2012年5月曾凤提前报考并顺利获取高级安检员证书，此时她21岁。

2012年3月，广东省机场管理集团第三届安检职业技能大赛拉开帷幕。曾凤在五个项目的角逐中，验证项目获取单项第一名（30个真假身份证的识别，用时7.048秒），理论知识和电教图库两个项目分别获得单项的第二名，人身检查项目获得单项第七名，开箱包检查获得单项的第十三名。五个项目总和获得大赛全能第一名。同时曾凤被授予广东省五一劳动奖章获得者称号（她也是迄今为止广东省最年轻的劳模），由高级安检员破格升为技师；入户广州的博士

图8-8　曾凤正在参加第三届广东省机场管理集团安检职业技能大赛

生积分才100分，而职业技能大赛全能第一名的曾凤获得了入户积分120分。

培养现代绅士与淑女的办学理念，严格训练学生灵活机变的工作能力，干练的工作作风。学院职业化、标准化的培养模式，曾凤十分怀念她在学院的这段经历（图8-8）。

一、你知道“狼”的精神吗

狼在奔跑时狂傲的长啸回荡在旷野上，倾泻着它的野性与傲慢，狼的精神就是永争第一的精神（图8-9）。

人类社会，一个民族，一个团队乃至一个人，真正的力量在于永不停止的进取和进击。

“路漫漫其修远兮，吾将上下而求索”，如果没有一颗求索的心，没有勇争第一、不懈进取的意志，是很难让我们的生命精彩的，想创造辉煌，就要敢于“凌绝顶”，“一览众山”。

图8-9 逆境生存、王者必胜的狼精神

二、永争第一的“狼”的精神

（一）超强自信、乐观积极

一个人的健康心态决定了一个人的成熟度，拥有超强的自信而不是盲目的自信就决定了他能够走多远的路，做多大的事，成多大的业。灰太狼总是豪情万丈、自信满满的出去，虽然灰头土脸的回来，即使得不到老婆红太狼的爱，反而经常被平底锅打，它还是一样的自信豁达。

（二）坚持不懈、永不服输

“我一定会回来的！”屡战屡败但屡败屡战，不怕挫折，锲而不舍。在竞争激烈的生活中，无法打败的，只有那些永不认输的人。

对于任何人来说要赢得财富和取得成功，都是十分困难的事。与其等待、祈求，不如立即付诸行动。

▶永争第一是一切成就的催生婆

某电视台《天生我才》栏目展示了众多天才儿童，从三岁到十多岁群星闪耀，令人击节赞叹，深受鼓舞和启迪。

爱因斯坦说："热爱和兴趣是最好的老师"。他又说："在天才和勤奋之间，我毫不迟疑地选择勤奋。她几乎是世界上一切成就的催生婆。"事实证明，这些天才儿童无一不是过人的天赋和高度的兴趣加上辛劳的汗水，浇灌出夺目的早慧之花。还要指出的是，这些孩子几乎都有超强的自信和永不服输的精神，而他们的家长都无一例外地善于因势利导，绝不把自己的好恶和意志强加给孩子，使孩子充分自由不受束缚，让孩子的特长发挥到极致。最典型的是钢琴神童游××，无师自通，能弹能创作，音乐天赋惊人，乐感超强。家长曾试图请名师调教，唯恐扼杀了孩子天赋和兴趣，未征得孩子同意不敢实施。先不说这孩子是否固执和不留余地，这样是否执拗和偏颇，但这种永争第一。绝不服输的精神确是极其可贵，值得大力提倡和发扬的。

人生可能会有很多失败，在跌倒处，有的人会就此沦陷下去，从此一蹶不振；有的人会拍掉身上的泥土，以新的姿态重新站起来。永不服输，收获人生。

▶有雄心的希拉里

有雄心和抱负，永争第一是前美国国务卿希拉里梦想的第一步。

2007年1月，希拉里公开宣布竞选2008年美国总统。无论她能不能当选都将在美国的历史上写下浓重的一笔。毋庸置疑，这一切都源于一个女人永争第一的雄心和抱负。

在这个竞争激烈的时代，那些三心二意、没有勇气、没有方向、没有雄心的人，难有立足之地。因为希拉里来了，在她所到之处，她总能轻易吸引人们的眼球，调动人们的激情。她的雄心壮志是每个人学习的榜样。

希拉里在竞选总统期间，她善于调动和利用周围一切可以利用的资源，特别是那些“贵人”的影响和帮助，以及丈夫克林顿和周围朋友同事的鼎力相助，成就了今天的希拉里。

无论是职场还是社会，勇于向极限挑战，永争第一的精神是获得成功的基础。心有多大，舞台就有多大。雄心有多大，你就能走多远（图8-10）。

图8-10 充满自信与魄力的希拉里

三、要想永争第一获得成功，需具备的专业能力

（一）拓展能力

名言警句▼

“教育必须培养人的自我决定能力，不是首先着眼于适用性，不是首先去传授知识和技能，而是首先去‘唤醒’学生的力量。”

——法国哲学家费希特

拓展能力的训练起源于国外风行了几十年的户外体验式训练，通过设计独特的富有思想性、挑战性和趣味性的户外活动，培训人们积极进取的人生态度和团队合作精神，是一种现代人和现代组织全新的学习方法和训练方式。

为适应市场需求，全面提升学生就业适应能力、创业能力及道德品质，应倡导“先教会学生做人，再教会学生技能”的理念，全面加强学生的职业道德素质、礼仪交往素质、专业技能素质、身体心理素质、适应能力等方面综合能力的训练和提高（图8-11、图8-12）。

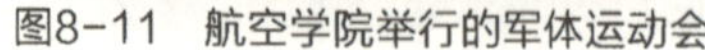
图8-11　航空学院举行的军体运动会

图8-12　航空学院举行的军体运动会

（二）跨岗作业能力

跨岗作业能力是指不仅能完成本职工作，还具备跨岗甚至跨行业承担任务，顶岗作业等能力。现代企业尽管分工很细，但一专多能的人才很受欢迎。

▶谨记母校教诲，永远挺起胸膛做人

王安民：原桂林两江国际机场安检证安检一科二分队副分队长，现任四川西南航空专修学院安检教师。

“2004年进入四川某航空学院，在四年的学习历程中，他长大了，成熟了，从一个不懂事的小男孩变成了一个积极向上、充满理想的青年。入学第二学期，他成了一名学军教官。这对于学生来说是一种无比的荣耀，更是一种责任。”

2007年11月，他荣幸地加入桂林两江国际机场这个大家庭，实习不到一个月，就和机场签了合同。由于在学院认真学习了很多专业知识和技能，累积了很多经验和资本，多次得到各级领导和同事们的表扬，并多次被安检站、机场集团公司评为月度先进个人和“十佳员工”。

王安民认为，人生就像一座座山峰，永远没有顶峰，只有不断地攀峰，胜利过后又是更高的点，那么人生才会有不断的挑战。王安民深有感慨地说：“学院对我的栽培，是我磨炼最多、飞跃最大的一段黄金时期，没有学院这四年的培养就没有现在的我。

现在无论是工作还是生活，他都独立思考。自理、自立、自强。学院的军事化管理日式礼仪训练等是他成功的钥匙。王安民认为，机场的领导很欣赏我们学院的培养培训与用人单位的“无缝对接”。无论走到哪里，他都会谨记母校的教诲，永远挺起胸膛做人（图8-13）！

图8-13　航空学院学生王安民，获得年度十佳员工

小贴士▼

“以人为本，突破文本主义思想，全面提高学生的综合素质，培养跨岗作业能力，塑造现代绅士与淑女。”

——云非先生

（三）应变能力

应变能力是当代人应具有的基本能力之一。在人生中积极意义上的妥协还是必须的，人活在这个世界上需懂得权宜之计和临机应变。

多参加富有挑战性的活动，努力去解决问题和克服困难的过程，就是增强人的应变能力的过程。

扩大个人的交往范围，首先学会应变各种各样的人，才能推而广之，应付各种复杂环境（图8-14）。

加强修养，学会豁达，心胸宽广，淡定从容，学会自我检查；自我监督、自我鼓励，培养良好的应变能力。

图8-14　为航空学院举行的军事汇报表演

注意改变横冲直闯的不良的习惯，主动地锻炼自己分析问题的能力，知己知彼后方可做出决策，再大的困难也要努力控制自己的情绪，为了达到目标有时绕道走也是必要的。

▶有梦启航——白佳

转眼间，我已经离开学院到工作岗位上5年了，时间总是这样悄然溜走，不觉间我已经融入桂林两江国际机场逸飞祥贵宾部这个大家庭了。

面对我人生的第一份工作，我一开始就告诉自己我要定在这里，从那时候起我就认真地学习每个岗位的知识，多看、多听、多问、多实践，善于向业务骨干和经验丰富的领导和同事们学习。

几年间，我从一个接待员到一线岗位到班长再到今天的主管岗位，都得到了领导的肯定和客户的好评，成为贵宾工作岗位上的业务能手。通过在不同的岗位让我学会了如何去做好服务工作和达到客户满意的服务技巧。

现在的我已经是桂林两江国际机场逸飞祥商旅服务公司的服务主管。我要感谢学院对我的教育和培养。学校的标准化军事化管理等四大特色和现代绅士淑女六大素质培养在工作给我了很大的帮助，培养了我吃苦耐劳和永不放弃的思想品质。在未来的日子里，我将继续努力学习、完善自我，一步一个脚印地走下去（图8-15）。

图8-15　白佳，现就职于桂林机场贵宾厅

（四）竞争能力

个人的竞争力是个人以其拥有的知识和技能为基础，在不断学习中创新，在不断创新中整合各项可供利用的资源，充分凸显资源要素的效用而使自我获得持续竞争优势的能力。

大学生的竞争力是其综合素质的集中体现，即自信、自立、良好个性、人文精神和不怕挫折的精神（图8–16）。

（五）适应社会发展的能力

适应社会发展能力是指人为了在社会更好生存而进行的心理上、生理上以及行为上的各种适应性的改变，与社会达到和谐状态的一种执行适应能力，从某种意义上来说就是指社交能力、处事能力、人际关系能力（图8–17）。

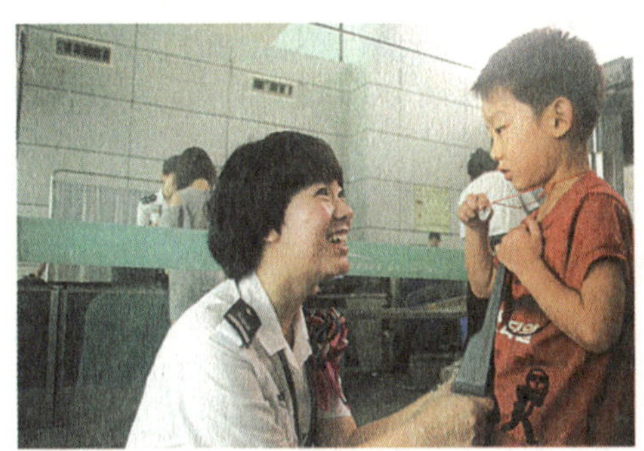

图8-16　真诚温暖服务

图8-17　适应社会发展所具备的“四个能力”

第三节
职场成功的基础——全面发展

案例引入

美丽“快闪”

2012年5月4日，是五四青年节，上午，一群美丽空姐“空降”春熙路玩起“快闪”，引来路人驻足。原来这是四川西南航空专修学院学生为庆祝五四青年节，而组织的一场短暂的行为艺术——“快闪”。

上午11时许，成都春熙路上逐渐热闹起来，逛街、购物，繁华依旧，似乎和往常没有什么两样。突然，30余名身穿空姐制服的美丽女孩出现在中山广场。

走到广场中央，30名余名“空姐”整齐地列作两队。紧接着广场的另一头出现一列身穿时装的高挑女孩，从两队“空姐”队列中间穿过，然后迅速撤离现场。

这一“突发状况”让广场上的行人有些措手不及，纷纷掏出手机对准这群美丽的“不速之客”一阵狂拍。一位大姐拉住一位模特好奇地问：“好漂亮啊，你们这是做什么的？从哪里来的？”模特回答到：“我们是来自四川西南航空专修学院空乘班的学生，我们用‘快闪’迎接青年节。”说完，这位模特随队伍消失在人群中，钻进路对面的汽车疾驰而去，表演的整个过程不超过10分钟。

随后记者设法联系到这家航空学校的一名工作人员，她告诉记者，这个活动是由学生自己组织的，她也是昨晚才知道的。他们学校有一个“颜如玉”模特社团，他们的时装全部由学生自己设计制作，以“中国风”为主。

今天模特身上所穿的时装面料为丝绸，上面印有书法等中国元素符号。这个活动主要是学生们想展示他们青年的活力和创意。

据了解，“快闪”是“快闪行动”的简称。“快闪行动”是新近在国际流行开的一种嬉皮行为，可视为一种短暂的行为艺术。他们在一地点，在明确的时间做一些不犯法却很引人注意的动作，然后赶快走人。近两年“快闪”在国内逐渐流行起来（图8-18）。

图8-18　航空学院学生在成都春熙路玩“快闪”行为艺术

一、全面发展的含义

所谓人的全面发展就是人的素质的全面提升。所谓个人全面发展，就是每个社会成员的智力和体力都获得尽可能多方面的、充分的、自由的和统一的发展。

“全面发展”应包含四个层面的内涵，即完整发展、和谐发展、多方面发展和自由发展（图8–19）。

图8-19　具有现代绅士与淑女气质的航空学院学生

二、全面发展与个人发展紧密结合

首先，“全面发展”是“个性发展”的基础。没有人基本素质的相对完整、和谐的发展，个性及特长的发展就缺乏基础，就会失衡，这样的个性和特长发展实际上就是片面和畸形发展。

其次，“个性发展”又是“全面发展”的动力。人的发展要想真正形成自己突出的个性特点并具有较强的可持续性，就必须使自己的素质达到一定的全面性，特别是在人的那些最基本的素质方面，更是不能缺失。这样，“个性发展”就成了人追求“全面发展”的动力。

三、争做一专多能的当代大学生

毕业生希望一出校门就能在工作岗位中用上自己学过的专业知识和技能，这是很正常的心理。然而，把专业对口看得过重就会影响就业。所以学生不能只抓住一个专业，只学一种本领，应该尽量发展自己的优势，做“一专多能”的大学生。

作为一名民航服务专业的大学生，要做到一专多能，就要做好两个方面，一个是做到“一专”，即对民航专业知识和专业技能的学习和精通；

另一个是“多能”，就是在学好民航服务专业知识的基础上，掌握更多的专业知识和技能（图8–20）。

图8–20　一专多能的当代大学生

▶大学生招聘会：“一专多能”受欢迎

2012年11月四川成都举行的大学生就业招聘会，约有近10万名学生参加。招聘会上，“一专多能”的毕业生深受用人单位欢迎，签约成功率最高。

图8–21　当代大学生全面发展的各项内容

在四川大学举办的双选会上，该校营销专业的学生小郭发现，双选会上，英语专业的学生，尤其是那些金融英语、外贸英语、法律英语一专多能的学生较受欢迎；同样是药学专业，既懂药性药理，又懂市场营销的学生很受青睐。招营销人才的单位也明确表示，营销专业学生不是他们的首选，他们更愿意招聘网络通讯、电子通讯等专业学生。用人单位直言不讳地说，现在单一技能的本科生一抓一大把，缺的就是复合型人才。更多的单位看重的是毕业生的综合素质（图8–21）。

四、让我们都成为一个全面发展的大学生

作为当代大学生，特别是民航服务专业的大学生，必须促进自己全面发展，提高自己的综合素质，即身体素质、心理素质、外在素质、文化素质、专业素质等（图8–22）。

第一，提高身体素质。“身体是革命的本钱”，提高身体素质对于提高生活质量和学习工作效率起至关重要的作用。

第二，拥有良好的心理素质。首先，正确认识自己。其次，多和他人交流沟通，建立良好的人际关系。最后，积极参加校园活动和社会活动，培养自己广泛的兴趣爱好。

第三，提高外在素质。作为民航服务专业的学生，应当努力培养自己成为现代绅士与淑女的高雅气质，注重职业形象。

全面发展

发展健全的自我认识（心理素质）

建立合理的智能结构（文化素质）

正确处理好理论与实践的关系（专业素质）

坚定信念，提高思想政治素质

提高身心健康（身体素质）

正确交往，建立良好的人际关系（外在素质）

图8-22 大学生需全面发展的各项素质

第四，提高文化素质。文化素质不只是学校老师教给你的专业课本知识，还应当充分利用业余时间广泛学习人文社科知识。

第五，提高专业素质。不同的专业有不同的特点，但不管如何，都可以把他分成三个方面：理论、实践以及职业操守。民航专业的学生学好跆拳道、礼仪、军体、形体等，有助于提高专业素养，对从事民航工作有很大帮助。

读一读

▶争做全面发展的民航人

为培养全面发展的合格人才，四川西南航空专修学院突出办学特色，坚持培养和就业的“无缝对接”，积极开展了一系列健康向上，丰富多彩的活动。

（1）“祭祀祖先、缅怀先烈”的仪式活动以及“一二九爱国演讲活动”，对学生进行感恩教育、革命传统教育、爱国主义教育、理想教育、纪律教育（图8-23）。

图8-23 “清明祭祀”仪式

图8-24 “五四时装秀”

图8-25 为圣诞晚会

（2）“研究型学习”活动中，坚持年年举行新生军训、新生军体运动会、演讲赛、辩论赛、英语口语比赛、校园歌手比赛、社交礼仪讲座、五四时装秀、圣诞晚会等。鼓励学生进行计算机、普通话、英语、安检等八项各级培训（图8-24）。

（3）社会实践活动方面，该学院认真组织，同学们人人参与，在团总支、学生会的带领下，学生利用寒暑假开展了社会调查活动。通过这些活动使学生了解了社会，增强了学生社会责任感，提高了学生的社会实践能力（图8-25）。

一、请你思考

（一）你能理解“学习”对大学生们的重要性吗？作为一名民航院校学生该怎样刻苦学习和善于学习？

（二）你怎样理解和感悟下面这句话：

现代奥运会创始人顾拜旦曾说过：“生活的本质不是索取，而是奋斗。”

（三）谈谈你对下面这段话的理解？

全面发展的人是人格和谐发展的人；全面发展的人是智能充分发展的人；全面发展的人是身心健康发展的人。只有“天空”没有“脚下”的人生是虚幻的，只有“脚下”没有“天空”的人生是狭隘的；做一个全面发展的人，必须既要“仰望星空”又要“脚踏大地”。

二、案例分析：

（一）请阅读以下案例，谈谈你的感想？

“××在学校的表现良好，没有出现任何违规违纪行为，做事比较低调。去到单位以后，也能按时上班，完成领导交给的工作，尽管不太合群，但也算表现中规中矩。某天，他下班回到寝室，由于跟他同寝室的还有其他学校的学生，因此大家不是上的同一个班。寝室里除××以外，其他人都在休息。××在寝室里整理东西的时候发出的声音吵醒了正在睡觉的学生，然后××和他们发生口角，在其他人的劝说下，××离开了寝室。十几分钟后，××回到寝室，室友又再次和他发生口角，并用足球故意踢向他进行挑衅，××一气之下，从自己背包里摸出一把菜刀，非常激动的威胁他们，最后在单位领导的制止下才得以结束。最后这位同学被单位辞退。后来回到学校，学校领导和他谈话，才知道他当时也是因为太生气，没控制住自己的行为，才想到买刀吓吓他们。”

（二）根据以下内容，谈谈你对现代绅士淑女的理解？

美丽活泼，淑女真性

貌美，是给人的第一感觉。天生丽质，出水芙蓉，白，是阳春白雪；施粉，是一首朦胧诗。笑容，给人以亲善的感觉（图8-26）。

快乐很大程度上反映一个人的心态、素质、受教育的程度以及能够被别人信任的程度。除了笑，还有举止——其他的外在表征。需要恰到好处，那么，表征得当，要注意哪些细节呢？首先，站、坐、走都要有规范，古时讲站如松、坐如钟、行如风，讲的就是形体语言。其次，面部表情要亲善挚诚，热情洋溢，不能拒人千里之外，眼神要明亮欢快，多一些微笑，会带来轻松的气氛。还有，就是谈吐，要言之有礼，用语文明；言之有形，形象幽默；言之有物，不说空话、虚话、套话；言之有据，有理有据、有章有节、有逻辑性。得体的言谈举止，使人感到温馨、优雅，你的音容笑貌自然会深刻地留在别人的记忆中。最后，要讲究仪表修饰与着装。仪表美也是文化修养的表现，是一门学问，更是热爱生活的表现。每个学生都有自己的个性，人与人之间各有差异，不能强求他们都朝着固定的模式发展，所以，应让学生懂得不是要对自己的仪表进行大的改造，而是要发挥优势，修

图8-26　笑容，给人以亲善感觉

饰可以让大家更完美。人的打扮关键是要得体，要符合自己的年龄和身份。真正的美是仪表美和心灵美的结合，动态美和静态美的和谐统一。着装时，如果你能根据自身的相貌特点与气质的倾向，根据不同的环境和气氛来找适合自己个性、年龄和风格的衣服，那你便处处时髦，表现出优雅和品位。一个不修边幅、蓬头垢面，或是过分装扮、妖艳俗媚的人是不会招人喜欢的。

三、行动建议

（一）请阅读第三节的“快闪行为艺术”这一案例，做出分析，谈谈其意义？

（二）结合自己将来的职业岗位，说出自己的优势和不足是什么？打算怎样培养自己的职业素养，从而提升自己的就业力？

参考文献

[1] 杨怡. 空姐教你考空姐. 武汉：武汉大学出版社，2011.

[2] 张号全，孙梅. 航空面试技巧. 北京：化学工业出版社，2012.

[3] 武月刚. 大学生职业生涯规划与就业指导. 北京：航空工业出版社，2010.

[4] 魏全斌. 教育改变.2012

[5] 甘丽君. 希拉里给女性的24个成功忠告. 北京：中国三峡出版社，2013

[6] 曹敏. 大学生就业指导.武汉：武汉大学出版社，2007

[7] 郑玉宝. 学习力就是竞争力.北京：石油工业出版社，2012

[8] 吕宁. 卡耐基——成功之道与人生哲学. 北京：中国商业出版社，2013